中共北京市委党校（北京行政学院）编著

京华新篇

中国式现代化的北京故事

『中国式现代化的故事』丛书

张占斌　总主编

中央党校出版集团
国家行政学院出版社
NATIONAL ACADEMY OF GOVERNANCE PRESS

图书在版编目（CIP）数据

京华新篇：中国式现代化的北京故事 / 中共北京市委党校（北京行政学院）编著. — 北京：国家行政学院出版社，2024.5

（“中国式现代化的故事”丛书 / 张占斌主编）

ISBN 978-7-5150-2873-6

Ⅰ. ①京… Ⅱ. ①中… Ⅲ. ①现代化建设－研究－北京 Ⅳ. ①D671

中国国家版本馆 CIP 数据核字（2024）第 053237 号

书　　名　京华新篇——中国式现代化的北京故事
JINGHUA XINPIAN——ZHONGGUOSHI XIANDAIHUA DE BEIJING GUSHI
作　　者　中共北京市委党校（北京行政学院）编著
统筹策划　胡　敏　刘韫劼　陈　科
责任编辑　陈　科　曹文娟
责任校对　许海利
责任印刷　吴　霞
出版发行　国家行政学院出版社
（北京市海淀区长春桥路 6 号　100089）
综 合 办　（010）68928887
发 行 部　（010）68928866
经　　销　新华书店
印　　刷　北京新视觉印刷有限公司
版　　次　2024 年 5 月北京第 1 版
印　　次　2024 年 5 月北京第 1 次印刷
开　　本　170 毫米 × 240 毫米　16 开
印　　张　20.25
字　　数　275 千字
定　　价　85.00 元

出版说明

党的二十大报告指出，从现在起，中国共产党的中心任务就是团结带领全国各族人民全面建成社会主义现代化强国、实现第二个百年奋斗目标，以中国式现代化全面推进中华民族伟大复兴。习近平总书记在中央党校建校90周年庆祝大会暨2023年春季学期开学典礼上的讲话中首次创造性提出“为党育才、为党献策”的党校初心。紧扣党的中心任务，践行党校初心，中央党校出版集团国家行政学院出版社和中央党校（国家行政学院）中国式现代化研究中心特别策划“中国式现代化的故事”丛书，邀请地方党校（行政学院）、宣传部门、新闻媒体、行业企业等方面共同参与策划和组织编写，从不同层次、不同维度、不同视角讲述中国式现代化的地方故事、企业故事、产业故事，生动展示各个地区、各个领域在大力拓展中国式现代化新征程上的理念创新、实践创新、制度创新、文化创新等，精彩呈现当代中国以中国式现代化全面推进中华民族伟大复兴的宏大历史叙事，以讲好中国式现代化的故事来讲好中国故事。

该丛书力求体现这样几个突出特点：

其一，文风活泼，以白描手法代入鲜活场景。本丛书区别于一般学术论著或理论读物严肃刻板的面孔，以生动鲜活的题材、清新温暖的笔触、富有现场感的表达和丰富精美的图片，将各地方、企业推进中国式现代化建设的理论思考、战略规划、重要举措、实践路径等向读者娓娓道来，使读者在沉浸式的阅读体验中获得共鸣、引发思考、受到启迪。

其二，视野开阔，以小切口反映大主题。丛书中既有历史人文风貌、经济地理特质的纵深概述，也有改革创新举措、转型升级案例的细节剖解，既讲天下事，又讲身边事，以点带面、以小见大，用故事提炼经验，以案例支撑理论，从而兼顾理论厚度、思想深度、实践力度和情感温度。

其三，层次丰富，以一域之光映衬全域风采。丛书有开风气之先的上海气度，也有立开放潮头的南粤之声；有沉稳构筑首都经济圈的京津冀足音，也有聚力谱写东北全面振兴的黑吉辽篇章；有在长江三角洲区域一体化发展中厚积薄发的安徽样板，也有在成渝地区双城经济圈中走深走实的川渝实践；有生态高颜值、发展高质量齐头并进的云南画卷，也有以“数”为笔、逐浪蓝海的贵州答卷；有“强富美高”的南京路径，也有“七个新天堂”的杭州示范……。丛书还将陆续推出各企业、各行业的现代化故事，带读者领略中国式现代化的深厚底蕴、辽阔风光和壮美前景。

“中国式现代化的故事”丛书既是各地方、企业推进中国式现代化建设充满生机活力的形象展示，也是以地方、企业发展缩影印证中国式现代化理论科学性的多维解码。希望本丛书的出版，能够为各地方、企业搭建学习交流平台，将一地一域的现代化建设融入全面建设社会主义现代化国家的大局，步伐一致奋力谱写中国式现代化的历史新篇章。

国家行政学院出版社

“中国式现代化的故事”丛书策划编辑组

总 序

党的二十大擘画了全面建成社会主义现代化强国、以中国式现代化全面推进中华民族伟大复兴的宏伟蓝图。中国式现代化是前无古人的开创性事业，是强国建设、民族复兴的康庄大道。回顾过去，中国共产党带领人民艰辛探索、铸就辉煌，用几十年时间走完西方发达国家几百年走过的工业化历程，创造了经济快速发展和社会长期稳定的两大奇迹，实践有力证明了中国式现代化走得通、行得稳；面向未来，在以习近平同志为核心的党中央坚强领导下，各地方各企业立足各自的资源禀赋、区位优势和产业基础、发展规划，精心谋划、奋勇争先，在推进中国式现代化过程中将展现出一系列生动场景，一步一个脚印地把美好蓝图变为现实形态。

中国式现代化，是中国共产党领导的社会主义现代化，既有各国现代化的共同特征，又有基于自己国情的中国特色。中国式现代化，是人口规模巨大的现代化，是全体人民共同富裕的现代化，是物质文明和精神文明相协调的现代化，是人与自然和谐共生的现代化，是走和平发展道路的现代化。这五个方面的中国特色，不仅深刻揭示了中国式现代化的科学内涵，也体现在不同地方、企业推进现代化建设可感可知可行的实际成果中。中国式现代化理论为地方、企业现代化的实践探索提供了不竭动力，地方、企业推进中国式现代化建设的成就也印证了中国式现代化道路行稳致远的时代必然。

为讲好中国式现代化的故事，更加全面、立体、直观地呈现中国式现代化的丰富内涵和万千气象，中央党校（国家行政学院）中国式现代化研究中心和中央党校出版集团国家行政学院出版社联合策划推出“中国式现代化的故事”丛书，展现各地方、企业等在着眼全国大局、立足地方实际、发挥自身优势，推进中国式现代化建设上的新突破新作为新担当，总结贯穿其中的完整准确全面贯彻新发展理念、构建新发展格局、推动高质量发展的新理念新方法新经验。我们希望该系列丛书一本一本的出下去，能够为各地更好推进中国式现代化建设以启迪和思考，为以中国式现代化全面推进中华民族伟大复兴凝聚更加巩固的思想基础，为进一步推进中国式现代化的新实践、书写中国式现代化的新篇章汇聚磅礴力量。

张占斌

中央党校（国家行政学院）中国式现代化研究中心主任

2023 年 10 月

序　言

讲好中国式现代化的北京故事

拥有3000多年建城史、870多年建都史的北京，因“都”而立、因“都”而兴。北京最大的市情，也是与其他城市最大的不同点，就在于它是社会主义大国首都。古往今来，首都工作始终关乎“国之大者”，人们都会把京师视为天下各地之楷范。在以中国式现代化全面推进中华民族伟大复兴的新征程上，由全国各地组成的“中国方阵”能否齐而有力，很大程度上取决于北京这个“排头兵”能否立好标杆、做好示范。

却顾所来径，豪情满胸怀。党的十八大以来，北京在发展史上迈入具有里程碑意义的新时代。习近平总书记多次视察北京并发表重要讲话，明确了全国政治中心、文化中心、国际交往中心、科技创新中心这“四个中心”的首都城市战略定位，以及建设国际一流的和谐宜居之都的战略目标，为关系首都长远发展的重大问题、重要规划、重点事项把关定向，深刻回答了“建设一个什么样的首都，怎样建设首都”这一重大时代课题，为做好新时代首都工作提供了根本遵循。

蓝图要变为现实，关键在行动。首都工作历来具有代表性、指向性，各项工作都要争创一流、走在前列，更好服务党和国家工作大局。新时代首都发展，标准就是首善，本质上是首都功能的发展。实践中，北京完整、准确、全面贯彻新发展理念，坚持“五子”联动服务和融入新发展格局，坚定不移从北京发展转向首都发展，从单一城市发展转向京津冀协同发展，从聚集资源求增长转向疏解非首都功能谋发展，从城市管理转向超大城市治理，有力推动北京这座伟大城市实现深刻转型，发生新的历史性变化，在各领域充分彰显出一个社会主义大国首都所应具备的首善担当。

在高质量发展方面，北京深入推进创新驱动发展战略，不断培育经济发展新动能，持续发挥冬奥遗产对城市和区域发展的带动作用，经济实力显著壮大，经济发展效率明显提升，经济结构不断优化升级，创新引领作用更加突出，经济总量和人均 GDP 始终保持全国领先水平。

在区域功能调整优化方面，北京以区域功能定位为指引，积极推进城市空间布局优化升级，加快构建新空间格局，核心区常住人口占全市比重下降，生态涵养区绿色发展成效显著，重点功能区呈现集聚效应，国家级高新技术企业、独角兽企业和专精特新企业数量均居全国各城市首位。

在民生保障方面，北京紧扣“七有”“五性”改善民生福祉，持续深化党建引领接诉即办改革，完善公共服务体系，不断提升城市品质，努力满足人民对美好生活的向往，使城市更加和谐宜居，教育、医疗、养老、体育等公共服务水平全国领先，大气污染治理经验被纳入联合国环境署“实践案例”，以回天地区为代表的首都大型社区治理样本已然形成并加快推广。

在城市风貌保护方面，北京依托长城、大运河和西山永定河三条文化带，构建起完善的历史文化名城保护体系，以中轴线申遗为牵引带动老城整体保护与有机更新，推动历史文化街区恢复性重建，不断擦亮北京历史文化“金名片”，数千条背街小巷在焕然一新的同时留住了乡愁，城市风貌实现历史性改善。

在京津冀协同发展方面，北京坚定不移推进减量发展，紧紧抓住疏解非首都功能“牛鼻子”，大力开展疏解整治促提升专项行动，纵深推动区域协调合作，主动支持雄安新区建设，“轨道上的京津冀”建设取得显著成效，京津冀核心区1小时交通圈、相邻城市间1.5小时交通圈基本形成，北京大兴国际机场正式投运，京津冀协同发展向更高水平迈进。

新时代京华大地上的火热实践充分证明，“四个中心”是党中央赋予北京的城市战略定位，也是引领北京这座城市发展的定向标和导航仪；“四个服务”是首都工作应尽职责，也是衡量和检验首都工作成效的重要标准。首都发展的全部要义，就是大力加强“四个中心”功能建设、提高“四个服务”水平，这是以习近平同志为核心的党中央从大局出发，对首都工作提出的根本要求，也是做好首都工作的根本职责所在。

行之力则知愈进，知之深则行愈达。时至今日，我们已经胜利实现第一个百年奋斗目标，踏上了全面建设社会主义现代化国家、向第二个百年奋斗目标进军的新征程。党的二十大报告完整、全面、准确概括中国式现代化的本质特征，明确指出中国式现代化是人口规模巨大的现代化、是全体人民共同富裕的现代化、是物质文明和精神文明相协调的现代化、是人与自然和谐共生的现代化、是走和平发展道路的现代化。这五个方面的中国特色深刻揭示了中国式现代化的科学内涵，打破了现代化等同于西方化的迷思，摒弃了西方国家以资本为中心的现代化、两极分化的现代化、物质主义膨胀的现代化、对外扩张掠夺的现代化老路，不仅拓展了发展中国家走向现代化的路径选择、为实现中华民族伟大复兴提供了重要保证，也为下一阶段的首都发展指明了根本方向。

作为首都，北京距离党中央最近，是党的大政方针的“最先执行者”，理应标准更高、冲锋在前。由此，深刻把握中国式现代化的中国特色、本质要求和重大原则，准确把握北京现代化建设的内涵特征，自觉把北京发展融入中华民族伟大复兴战略全局，是北京率先基本实现社会主义现代化战略目标的根本保证。北京要在中国式现代化新征程上一马当先、走在前列，就要继续以实干实绩担当首善之责，努力创造无愧于时代、无愧于人民、无愧于历史的新业绩。

新征程上，首都工作将牢记看北京首先要从政治上看的要求，矢志不渝坚持和加强党的全面领导。坚持和加强党的全面领导是中国式现代化的首要本质要求和首要重大原则，党的领导直接关系中国式现代化的根本方向、前途命运、最终成败。北京将切实把党的领导落实到推进和拓展首都工作的各领域各方面各环节，确保党始终成为领导实现中国式现代化的核心力量，更加自觉地拥护“两个确立”，更加坚定地做到“两个维护”，坚持以习近平新时代中国特色社会主义思想凝心铸魂，切实担负起“都”的职责使命，不断开辟首都工作新境界。

新征程上，首都工作将深刻把握城市战略定位，坚持立足“四个中心”功能建设、提升“四个服务”能力水平。坚持把“四个中心”“四个服务”作为引领城市发展的定向标，使北京更为充分地展现出社会主义大国首都的风范和担当，这是全面把握新时代首都发展形势任务的必然要求。北京将全力做好政治中心服务保障，营造安全、高效、有序的政务环境；扎实推进全国文化中心建设，坚持以社会主义核心价值观为引领，争创全国文明典范城市；全面加强国际交往中心设施和能力建设，系统提升国家主场外交和重大国事活动服务保障水平，优化国际化环境和服务；加快形成国际科技创新中心，积极打造国家战略科技力量，发挥“三城一区”主平台作用，建设成为世界主要科学中心和创新高地。

新征程上，首都工作将坚定道不变、志不改的决心，守住“人民城市为人民”初心，切实做到发展为了人民、发展依靠人民、发展成果由人民共享，以深化改革激发发展活力，以高水平对外开放打造国际合作和竞争新优势，把制度优势更好转化为治理效能，不断增强北京率先基本实现社会主义现代化的动力和活力。经济发展高质量、城市治理高水平、生态治理高标准、百姓生活高品质，这是未来北京高质量发展的生动擘画，也是广大人民群众的殷切期待。

大道至简，实干为要。首善标准本质上是一种追求最好的精神，应当把它融入首都发展的各个领域和全过程，推动首都发展更加符合党和人民的新期待、新要求，自觉地站在党和国家事业全局的高度来想问题、作决策、办事情，始终坚持以“都”为先，紧紧围绕实现“都”的功能来布局和推进“城”的发展，以“城”的更高水平发展服务保障“都”的功能，在不懈奋斗中谱写全面建设社会主义现代化国家的北京篇章，在新征程上接续讲好中国式现代化的北京故事。

目　录

总　论

推动习近平新时代中国特色社会主义思想在京华大地形成生动实践

第一章　深刻转型

推动新时代首都发展

第二章 区域协同

“一核”带动“两翼”齐飞

第三章　减量增效

高质量发展迈大步

第四章　擦亮名片

文化繁荣融贯古今

第五章　创新机制　全过程人民民主聚民心

第六章　开拓进取　首善之区良法善治

第七章　绿色发展

人与自然和谐共生

第八章　精细治理

超大城市智慧宜居

第九章　深化改革

高水平开放加速度

第十章　接诉即办

民生福祉持续改善

第十一章　精益求精

筑牢首都安全防线

第十二章　牢记使命

全面从严治党走向深入

后　记

总　论

推动习近平新时代中国特色社会主义思想在京华大地形成生动实践

伟大时代孕育伟大思想，伟大思想引领伟大实践。随着中国特色社会主义进入新时代，中华民族正实现从站起来、富起来到强起来的伟大飞跃，比历史上任何时期都更接近伟大复兴的宏伟目标。在新的征程、新的起点、新的历史方位，以习近平同志为核心的党中央高瞻远瞩、统揽全局、把握大势，坚持把马克思主义基本原理同中国具体实际相结合、同中华优秀传统文化相结合，科学回答了新时代坚持和发展什么样的中国特色社会主义、怎样坚持和发展中国特色社会主义等重大时代课题，创立了习近平新时代中国特色社会主义思想。习近平新时代中国特色社会主义思想是当代中国马克思主义、二十一世纪马克思主义，是中华文化和中国精神的时代精华。坚决贯彻落实习近平新时代中国特色社会主义思想，就是要坚持不懈用习近平总书记对北京一系列重要讲话精神武装头脑、指导实践，坚定不移推动习近平新时代中国特色社会主义思想在京华大地进一步落地生根、开花结果，形成更多生动实践，努力建设伟大社会主义祖国的首都、迈向中华民族伟大复兴的大国首都、国际一流的和谐宜居之都。

一、用习近平总书记对北京一系列重要讲话精神武装头脑、指导实践

党的十八大以来，习近平总书记多次视察北京并对北京发表重要讲话，深刻阐释了“建设一个什么样的首都，怎样建设首都”这个重大时代课题，为推动新时代首都发展指明了方向。要切实学深悟透习近平总书记对北京一系列重要讲话精神，履行好党和人民赋予首都的历史责任。

（一）“建设一个什么样的首都，怎样建设首都”

2017 年 6 月 27 日，习近平总书记在主持中央政治局常委会会议专题听取北京城市总体规划编制工作汇报时指出，北京城市总规最根本的是要解决好“建设一个什么样的首都，怎样建设首都”这个重大问题。这一重大论断是习近平总书记从党和国家事业发展全局的高度，以透视历史、洞悉未来的战略眼光和战略视角对北京提出的重大时代课题。围绕这一重大课题，习近平总书记作了一系列重要论述，这些论述为做好新时代首都工作提供了根本遵循。

关于“建设一个什么样的首都”，习近平总书记强调，要明确城市战略定位，坚持和强化首都全国政治中心、文化中心、国际交往中心、科技创新中心的功能。要求将首都发展作为引领未来发展的“纲”和“魂”，做到服务保障能

力同城市战略定位相适应，人口资源环境同城市战略定位相协调，城市布局同城市战略定位相一致，不断朝着建设国际一流和谐宜居之都的目标前进，在建设首善之区上不断取得新的成绩。

关于“怎样建设首都”，习近平总书记指出，要把握好战略定位、空间格局、要素配置，以更坚决的态度强化“四个中心”的城市战略定位，不断提升“四个服务”水平；以更宽广的视野谋划京津冀协同发展，发挥好北京“一核”的辐射带动作用，建设以首都为核心的世界级城市群；以更长远的眼光建设迈向中华民族伟大复兴的大国首都，贯通历史，连接未来；以更刚性的底线约束，促进城市规模同资源环境承载能力相适应；以更科学的要素配置和真诚的行动，提高民生保障和服务水平；以更深化的改革推动城乡统筹发展，坚持人民城市为人民，不断增强人民群众获得感和满意度。

深入回答“建设一个什么样的首都，怎样建设首都”这一重大时代课题，要求实现城市发展理念的重大转变，在新征程上将大力推动新时代首都发展作为根本任务，实现符合首都功能定位的发展、首都的高质量发展、首都的新发展，使北京的建设、发展、管理更加符合党和人民需要，奋力谱写全面建设社会主义现代化国家的北京篇章。

（二）以建设首善之区为遵循推动首都高质量发展

习近平总书记指出，建设和管理好首都，是国家治理体系和治理能力现代化的重要内容。建设提供硬环境，管理增强软实力，共同指向首都城市功能的不断完善。北京作为首都，要以首善标准，立足优势、深化改革、勇于开拓，以创新的思维、扎实的举措、深入的作风，进一步做好城市发展和管理工作，形成与世界城市相匹配的城市管理能力。

建设和管理好首都，要坚持以人民为中心。城市发展好不好，最终要用人民群众满意度来衡量。北京是人民的城市、人民的首都，尤其要坚持“人民城市人民建、人民城市为人民”的鲜明立场，以北京市民最关心的问题为导向，以解决人口过多、交通拥堵、房价高涨、大气污染等问题为突破口，切实解决人民群众的急难愁盼，不断健全机制、完善政策，积极构筑构建有效的超大城市治理体系，增强人民群众的获得感、幸福感、安全感。

建设和管理好首都，要走好减量发展之路。北京地位高、体量大、实力强、变化快、素质好，但是作为首都和超大型城市，过去聚集资源人口谋发展，导致资源环境压力不断增加，城市运行成本显著提高，各种各样的“大城市病”显现出来。必须切实把握好“增”与“减”的辩证法，调整疏解非首都核心功能，优化三次产业结构，突出高端化、服务化、聚集化、融合化、低碳化，有效控制人口规模，切实从聚集资源求增长转向立足首都功能定位的减量发展、高质量发展。

建设和管理好首都，需要健全城市管理体制。城市的建设与管理相辅相成，要加快形成与世界城市相匹配的城市管理能力，促进城市管理目标、方法、模式实现现代化。要充分运用现代化信息技术，加强市政设施运行管理、交通管理、环境管理、应急管理，完善社区治理模式，充分发挥企业和社会组织作用，积极推进网格化服务管理体系建设；推动政务信息联通共用，提高政务服务信息化、智能化、精准化、便利化水平，让群众少跑腿，统筹推进各方面工作，确保首都社会稳定，让党中央放心、让全国人民放心。

（三）以深化改革为抓手促进首都创新发展

习近平总书记强调，实施创新驱动发展战略是一项系统工程，涉及方方面面的工作，需要做的事情很多。北京作为首都，作为国际科技创新中心，在国家创新驱动发展战略中要率先垂范，充分释放科技创新潜力，以自主创新之路推动高质量发展、实现动能转换。推动首都创新发展，关键在于进一步解放思想，加快科技体制改革步伐，破除一切束缚创新驱动发展的观念和体制机制障碍，着力推动科技创新与经济社会发展紧密结合，将科技创新成果转化为推动经济社会发展的现实动力。

要加快推进国际科技创新中心和世界领先科技园区建设，积极开展重大科技项目研发合作，支持企业同高等院校、科研院所跨区域共建一批产学研创新实体，共同打造创新发展战略高地；加快建设世界重要人才中心和创新高地，培养造就一大批具有国际水平的战略科技人才、科技领军人才、青年科技人才和高水平创新团队，力争实现前瞻性基础研究、引领性原创成果的重大突破；发挥好中关村国家自主创新示范区的科技资源和制度创新优势，开展高水平科技自立自强先行先试改革，将中关村论坛打造成为面向全球科技创新交流合作的国家级平台；深化科技园区体制机制创新，创造条件、营造氛围，调动各方面创新积极性，优化营商环境，吸引更多在京科技服务资源到园区投资或延伸业务。

（四）以历史文化为底蕴彰显首都城市特色

习近平总书记指出，历史文化是城市的灵魂，要像爱惜自己的生命一样保护好城市历史文化遗产。北京是世界著名古都，丰富的历史文化遗产是一张金名片。传承保护好这份宝贵的历史文化遗产是首都的职责，要本着对历史负责、对人民负责的精神，传承历史文脉，处理好城市改造开发和历史文化遗产保护利用的关系，切实做到在保护中发展、在发展中保护，生动践行习近平文化思想。

北京是世界历史文化名城，人类文明源远流长，城市历史底蕴深厚，有3000多年建城史、870多年建都史，文脉悠悠、绵延不绝，处处彰显着中华文明的广博精深。党的十八大以来，北京在推进全国文化中心建设中坚持“一核一城三带两区”总体框架，不断涵养和融合古都文化、红色文化、京味文化、创新文化的保护与发展，以中轴线申遗为抓手，带动老城整体保护与复兴；以三山五园国家文物保护利用示范区为牵引，打造北京历史文化名城重要承载区和国家历史文化传承典范区；以长城、大运河、西山永定河三条文化带建设为统领，加大城乡统筹和区域整体保护利用；以革命文物集中连片保护为重点，统筹加强建党、抗战和新中国成立三大红色文化主题片区建设。首都文化建设始终把历史文脉传承与文化高质量发展紧密结合，积极推动建设公共文化服务体系示范区和文化产业发展引领区，让历史文化和现代生活融为一体，守正创新、开放包容，充分展现出大国首都的文化自信与人文气象。

知识链接：“一核一城三带两区”

“一核一城三带两区”是北京市全国文化中心建设的总体框架。2017 年 8 月，北京市成立推进全国文化中心建设领导小组，明确全国文化中心建设要重点抓好“一核一城三带两区”。“一核”即培育和弘扬社会主义核心价值观；“一城”即加强历史文化名城保护；“三带”即推动长城文化带、大运河文化带、西山永定河文化带保护和建设；“两区”即推动公共文化服务体系示范区和文化创意产业发展引领区建设。

（五）以绿水青山为底色实现首都可持续发展

党的十八大以来，以习近平同志为核心的党中央高度重视生态文明建设，牢固树立和践行绿水青山就是金山银山的理念，以更高站位、更宽视野、更大力度来谋划和推进新时代新征程生态环境保护工作。习近平总书记强调，像北京这样的特大城市，环境治理是一个系统功能，必须作为重大民生实事紧紧抓在手上。北京发展曾一度面临资源、生态、环境、人口、交通等多方面紧张压力，亟待在转变动力、创新模式、提升水平上下功夫、谋转型。

保护生态环境功在当代、利在千秋。近年来，北京深入践行习近平生态文明思想，坚持生态优先、绿色发展，加强生态涵养区建设，健全生态补偿机制，共同守护首都重要的生态屏障和水源保护地。加强生态环境保护合作，从生态系统整体性着眼，强化京津冀大气污染防治协作机制，在防护林建设、水资源保护、水环境治理、清洁能源使用等领域完善合作机制，不断提高区域可持续发展能力。坚持全国一盘棋，集中力量办大事，高标准建设南水北调配套工程，畅通南北经济循环的生命线，保障了首都供水的安全稳定。

北京大力发展新技术、发展绿色能源，为节能减排、治理大气污染提供技术保障；深入开展节水型城市建设，使节约用水成为每个单位、每个家庭、每个人的自觉行动；见缝插绿、建设每一块绿地，鼓励市民爱惜每滴水、节约每粒粮食，身体力行推动资源节约型、环境友好型社会建设，推动人与自然和谐发展。

（六）以重大赛会为契机驱动首都开放发展

习近平总书记指出："中国的发展惠及世界，中国的发展离不开世界。我们要扎实推进高水平对外开放，既用好全球市场和资源发展自己，又推动世界共同发展。"[①]北京作为首都，作为国际交往中心，是中国特色大国外交的核心承载地和元首外交的重要舞台，承担着光荣使命和历史责任，坚持不断促进国际合

① 习近平：《在第十四届全国人民代表大会第一次会议上的讲话》，《人民日报》2023年3月14日。

作、增强国际竞争优势，促进推动更多国际资源转化为促进首都高质量发展的生产力。

伟大的事业孕育伟大的精神，伟大的精神推进伟大的事业。北京冬奥会、冬残奥会的成功举办，是在全党全国各族人民向第二个百年奋斗目标迈进的关键时期举办的重大标志性活动，彰显了坚持党的集中统一领导、坚持集中力量办大事的社会主义优越性，体现了坚持办赛和服务人民、促进发展相结合的工作成效。北京冬奥会、冬残奥会广大参与者珍惜伟大时代赋予的机遇，在冬奥申办、筹办、举办的过程中，共同创造了胸怀大局、自信开放、迎难而上、追求卓越、共创未来的北京冬奥精神。北京冬奥精神展现了中国人民的坚强品格，彰显了当代中国的国家形象。要大力弘扬北京冬奥精神，以更加坚定的自信、更加坚决的勇气奋进首都发展新征程。

习近平总书记强调，冬奥会遗产成果丰硕，实现了成功办奥和区域发展双丰收。北京冬奥会、冬残奥会既有场馆设施等物质遗产，也有文化和人才遗产，要充分挖掘利用好北京冬奥遗产资源，让其成为推动首都高质量发展的新动能。今后，北京还要进一步加强场馆利用、推动筹办重大赛事，持续打造“开放北京”，更加自信从容地传播中国声音、讲好中国故事，为人类文明进步贡献更多中国智慧和中国力量。

（七）以底线思维为要求确保首都安全发展

首都安全稳定直接关系党和国家工作大局，首都发展要坚定不移贯彻总体国家安全观。党的十八大以来，以习近平同志为核心的党中央把国家安全作为头等大事，着眼中华民族伟大复兴战略全局和世界百年未有之大变局，对国家安全作出战略擘画、全面部署。要坚持底线思维，增强忧患意识，坚决维护首都和谐稳定大局，将总体国家安全观全面深入贯彻落实到新时代首都发展的各领域全过程。

首都疫情防控工作是牢记“国之大者”、坚守首都安全底线的生动体现。新冠疫情发生后，习近平总书记亲自指挥、亲自部署，在疫情防控最吃劲的阶段，来到北京就社区防疫、防疫科研攻关等进行调研指导，对首都疫情防控工作作出重要指示。北京坚决贯彻党中央决策部署，紧密结合首都实际，科学精准落实各项防控措施，充分发挥社区在疫情防控中的阻击作用，发挥基层党组织政治引领作用和党员先锋模范作用，有力有效应对多轮疫情冲击，最大限度保护了人民群众生命安全和身体健康，最大限度减少了疫情对首都功能和经济社会发展的影响，彰显了党的领导和基层组织建设的强大力量。

北京坚持统筹发展和安全，始终坚持将做好首都安全发展工作作为头等大事，进一步增强责任感紧迫感，不断增强风险意识、树牢底线思维，时刻绷紧安全生产这根弦。更加精准有效排查化解各类风险隐患，严防“黑天鹅”“灰犀牛”，坚决遏制重特大事故发生，不断汇聚维护首都安全的强大力量，不断提高人民群众的获得感、幸福感、安全感。

（八）以疏解非首都功能为“牛鼻子”推动京津冀协同发展

习近平总书记指出，京津冀协同发展是优化国家发展区域布局、优化社会生产力空间结构、打造新的经济增长极、形成新的经济发展方式的需要，是一个重大国家战略。京津冀同属京畿重地，地缘相接、人缘相亲，地域一体、文化一脉，历史渊源深厚、交往半径相宜，完全能够相互融合、协同发展。因此，京津冀协同发展要从历史深度、全局高度和长远角度综合考虑，系统看待，下更大力气推进工作。

在实践中，要从全局高度和更长远考虑认识和做好京津冀协同发展工作，增强协同发展的自觉性、主动性、创造性，保持历史耐心和战略定力，加快推动京津冀在交通、生态、产业、公共服务四个重点领域取得新进展；加强协同创新和产业协作，打造我国自主创新重要源头和原始创新的主要策源地；加快构建现代化首都都市圈，打造京津冀世界级城市群；勇于担当，敢于创新，善作善成，推动京津冀协同发展不断迈上新台阶。

北京作为京津冀协同发展的“一核”，在京津冀协同发展中肩负着光荣的使命和重大责任。习近平总书记强调，要紧紧抓住疏解北京非首都功能这个“牛鼻子”，优化提升首都核心功能，优化产业结构、城市功能和空间结构，有效控制人口规模，增强区域人口均衡分布；建设好北京城市副中心，坚持规划先行、质量第一，再造一张亮丽城市金名片；全力支持雄安新区建设，处理好中心城区同城市副中心、雄安新区的关系，以副辅主、主副共兴，“一核”引领、“两翼”齐飞，实现北京及周边地区高质量发展。

二、坚定不移贯彻“四个转向”，推动北京这座伟大城市深刻转型

党的十八大以来，是北京发展史上具有里程碑意义的重要时期。北京始终坚持以习近平新时代中国特色社会主义思想为指引，深入贯彻落实习近平总书记对北京一系列重要讲话精神，坚定不移从北京发展转向首都发展，从单一城市发展转向京津冀协同发展，从聚集资源求增长转向疏解非首都功能谋发展，从城市管理转向超大城市治理，扎实推进创新发展、绿色发展、高质量发展、以人民为中心的发展，推动北京这座伟大城市深刻转型，城市综合实力和国际影响力迈上新台阶，首都北京发生了新的历史性变化。

（一）从北京发展转向首都发展，城市发展理念发生重大转变

北京因“都”而立、因“都”而兴，“城”的发展要紧紧围绕“都”的发展来谋划。新中国成立以来，北京作为中国的首都，始终立足国家战略需要与时代发展要求，相继开展了大规模的首都建设，探索发展了体现首都特点的首都经济，推动北京从一个百废待兴的古老都市发展成为欣欣向荣的现代化国际大都市。进入新时代以来，首都北京与党和国家的使命联系更紧、服务保障中央

政务活动的任务更重、满足人民美好生活向往的要求更高。牢固树立首都发展理念，牢牢守住首都城市战略定位，更加奋发有为地推动新时代首都发展。首都工作关乎“国之大者”，在各项工作中，首都发展是居于统领地位的，北京市各项工作都要向此聚焦，服从并服务于首都发展，做到纲举目张。要始终坚持规划先行，坚持首都规划权属中央，确保一张蓝图绘到底。要始终坚持凡事从政治上考量、在大局下行事，更加自觉地站在党和国家事业发展全局高度想问题、作决策、办事情。要紧紧围绕党中央对首都发展的战略布局，用好用足中央支持北京的各项政策，在紧要处落好子，将“四个中心”“四个服务”所蕴含的巨大能量转化为首都发展的不竭动力，奋力建设伟大社会主义祖国的首都、迈向中华民族伟大复兴的大国首都、国际一流的和谐宜居之都。

（二）从单一城市发展转向京津冀协同发展，区域协同格局加快形成

北京大城市病的根源在于城市功能过载，要牵住疏解北京非首都功能这个“牛鼻子”，推动京津冀协同发展。北京坚决舍弃“白菜帮子”、精选“菜心”，以疏解功能的“减法”，换来发展势能的“加法”，注重在“舍”与“得”的辩证法中破解难题，做到严控增量和疏解存量相结合、向外疏解与内部功能重组双向发力。北京自觉跳出“一亩三分地”的思维定式谋全局。京津冀协同发展涉及主体多元、领域广阔、层次复杂，要从实际出发，下决心破除限制资本、技术、产权、人才、劳动力等生产要素自由流动和优化配置的各种体制机制障碍，进一步提高区域基础设施联通、生态环境联治、产业布局联动、科技创新协同、公共服务共享水平。北京全力构建“一核两翼”格局优空间、促协作。坚持以首都为“一核”，以雄安新区和北京城市副中心为“两翼”，发挥“一核”辐射作用，推动“两翼”联通联动，促进“一核”与“两翼”协作、协调、

协同发展。明确“一核”首都功能优化的集中承载区、非首都功能疏解的“主战场”地位，积极发挥北京作为世界级城市群核心的主引擎作用，把解决好北京发展问题同天津、河北实现更好发展统筹谋划，更好地辐射带动“两翼”发展，形成“两翼”齐飞的生动格局。

（三）从聚集资源求增长转向疏解非首都功能谋发展，减量提质成效日益显现

北京自觉开启从“集聚资源求增长”的粗放式、扩张式发展，向“疏解功能谋发展”的内涵式、集约式发展的全面深刻转型，成为全国首个减量发展的超大城市，探索出了具有大国首都特色的高质量发展之路。减量发展成为新时代首都发展的鲜明特征，体现了首都在我国发展方式战略转变中的主动担当。“减量”是减去与首都功能不相适应的功能和低效率发展，“发展”是更高水平上的“强身健体”。“减量”表面看来是“减”和“降”，其背后蕴含着诸多“增”与“升”。坚持规模上调减增效，注重从数量上严格调控、精简规模；坚持结构上调优升级，注重从结构上进行升级换代；坚持空间上调疏有序，注重从空间上进行疏通分散，实现科学均衡布局。减量发展形成了北京的生动实践，绘就了高质量发展的生动图景。坚持以规划统筹引领减量，以城市更新促进减量，以“腾笼换鸟”提升减量，进一步推进“五子”联动，主动服务和融入新发展格局，持续提升高质量发展水平。第一“子”是建设国际科技创新中心，打造“世界主要科学中心和科技创新高地”；第二“子”是建设“两区”，以高质量“制度型开放”引领高水平对外开放；第三“子”是建设全球数字经济标杆城市，构建数据驱动未来产业发展的数字经济新体系；第四“子”是以供给侧结构性改革引领和创造新需求，以优质供给带动消费升级，打造国际消费中心城市“北京样本”；第五“子”是深入推动京津冀协同发展，加快形成现代化首都

都市圈和以首都为核心的京津冀世界级城市群。“五子”落子有声、牵一发而动全身，“子”落而全局活。

（四）从城市管理转向超大城市治理，以接诉即办为牵引的超大城市治理变革不断推进

北京作为拥有近2200万人口的超大城市，如何实现从“管理”向“治理”的深刻转变，如何形成与超大城市相匹配的城市治理能力，如何构建有效的超大城市治理体系至关重要。坚持把党建引领作为贯穿超大城市治理全过程的主线中轴。北京在接诉即办工作中，充分发挥各级党委“主心骨”“吸铁石”“施工队”的角色，指引广大党员来到联系群众的一线、解决问题的一线，在实践中形成了讲政治、能扛活、有情怀的首都党员干部的特质，走出了新时代群众路线的“新范式”。坚持把市民诉求作为驱动超大城市治理变革的根本动力，实现了市民诉求“事事有回音、件件有落实”；坚持把大抓基层作为促进超大城市治理现代化的关键抓手，牢固树立起“到基层一线解决问题”的治理机制，“一竿子插到底”，不断夯实党的执政基础；坚持把未诉先办、主动治理作为进一步提升超大城市治理能力的改革方向，将城市问题与风险处置在微小、化解在源头，综合治理、标本兼治，实现首都治理效能的整体提升。

三、大力推动新时代首都发展，奋力书写中国式现代化的北京篇章

进入新时代以来，首都北京以习近平新时代中国特色社会主义思想为指引，深入落实首都城市战略定位，政治中心服务保障能力显著增强，全国文化中心建设迈出重要步伐，国际交往中心功能有效提升，国际科技创新中心建设取得明显成效，城市发展格局实现历史性变革，实现了前所未有的历史性跨越、取得了光辉成就。面向未来，在全面建成社会主义现代化强国、实现第二个百年奋斗目标，以中国式现代化全面推进中华民族伟大复兴的新征程上，北京作为首都，要更加自觉地拥护“两个确立”，更加坚定地做到“两个维护”，牢牢把握首都城市战略定位，切实担负起“都”的职责使命，奋力谱写中国式现代化的北京篇章。

（一）深刻理解和把握中国式现代化的本质要求

党的十八大以来，以习近平同志为核心的党中央不断实现理论和实践上的创新突破，创立了习近平新时代中国特色社会主义思想，实现了马克思主义中国化时代化新的飞跃，成功推进和拓展了中国式现代化，初步构建了中国式现代化的理论体系。中国式现代化展现了不同于西方现代化模式的新图景，为解

决人类面临的共同问题提供了中国智慧、中国方案、中国力量。中国式现代化为新时代首都高质量发展提供了根本遵循。既用好科技和人才等优势条件，又解决好超大城市面临的人口资源环境方面的难题，建设好近2200万人口规模的现代化；既大力推动高质量发展，又着力保障和改善民生，建设好共同富裕的现代化；做好首都文化发展这篇大文章，建设好物质文明和精神文明相协调的现代化；让绿水青山蓝天成为首都的亮丽底色，建设好人与自然和谐共生的现代化；加强国际交往中心建设，建设好走和平发展道路的现代化。

坚持以新时代首都发展为统领，努力使京津冀成为中国式现代化建设的先行区、示范区。北京将更加自觉地把首都发展放到京津冀协同发展战略中考量，充分发挥北京“一核”辐射带动作用，打好疏解整治促提升“组合拳”，推动北京“新两翼”建设取得更大突破。构建京津冀协同创新共同体，完善区域一体化发展体制机制，以建设“轨道上的京津冀”为驱动，加快构建现代化首都都市圈；加强文脉传承与区域文化认同，巩固京津冀生态协同治理成效，以更加奋发有为的精神状态推进各项工作，推动京津冀协同发展不断迈上新台阶。

（二）心怀国之大者，找准在中国式现代化进程中的自身定位

党的领导直接关系中国式现代化的根本方向、前途命运，只有坚持党的领导，中国式现代化才能不偏离航向、不走弯路。坚持以习近平新时代中国特色社会主义思想为指导，始终牢记“看北京首先要从政治上看”的要求，带头坚持和加强党的全面领导，不断提升政治判断力、政治领悟力、政治执行力，善于从政治上观察分析问题，遇事多想政治上的要求，处理问题主动从政治上考量，时常对标对表，及时校正偏差，始终沿着正确方向风雨无阻向前进。要牢记习近平总书记嘱托，找准在中国式现代化进程中的自身定位，切实担负起

"都"的职责使命，更好服务党和国家工作大局，切实加强为中央党、政、军领导机关的工作服务，为国家的国际交往服务，为科技和教育发展服务，为改善人民群众生活服务，着力完善重大国事活动服务保障常态化工作机制，以首善标准担当进取，以创新的思维、扎实的举措、深入的作风为全国起到表率作用。

在中国式现代化进程中的自身定位，最根本的是要进一步加强"四个中心"功能建设，提高"四个服务"水平。始终把服务保障政治中心摆在首要位置，推动首都功能核心区人口、建筑、商业、旅游密度不断下降，持续改善中央政务环境。不断深化全国文化中心建设，着力构建"一核一城三带两区"总体框架，大力弘扬社会主义核心价值观，加强历史文化保护，统筹文化产业和文化事业发展。超前谋划推进国际交往中心软硬件建设，服务保障新时代中国特色大国外交需要，完善重大国事活动服务保障常态化工作机制。加快建设国际科技创新中心，持续激发"三城一区"创新活力，不断深化中关村国家自主创新示范区先行先试改革，推动产生世界级引领性原创成果。

（三）坚持主动担当，形成中国式现代化的生动实践

新时代首都发展要牢牢把握首都城市战略定位，从北京实际出发，找准主攻方向，补齐发展短板，各级领导干部当好"施工队长"，把中国式现代化的"规划图"转化为"施工图"，以自身发展为中国式现代化全局增光添彩。

坚持以新时代首都发展为统领，"五子"联动服务和融入新发展格局，扎实推动高质量发展。立足国家战略，汇集首都优势，高标准建设好国际科技创新中心，利用好北京"两区"叠加优势，强化科技创新、数字经济、服务业开放等领域制度创新和政策集成，持续建设全球数字经济标杆城市，以优质供给带动消费升级，打造北京国际消费中心城市。以疏解非首都功能为"牛鼻子"推

动京津冀协同发展，高水平建设城市副中心，始终以分内之事支持雄安新区建设，建设现代化首都都市圈和以首都为核心的京津冀世界级城市群，深入推动京津冀协同发展。

围绕“七有”“五性”办好民生实事，保障和改善民生。始终将“人民至上”作为扎实推进全体人民共同富裕的出发点和落脚点，实现好、维护好、发展好最广大人民群众的根本利益。聚焦百姓需求，持续提升教育、医疗、养老等公共服务水平，努力增强社会主义现代化建设成果的普惠性，更多更公平惠及广大人民群众。

加强生态环境建设，持续实施绿色北京发展战略，更加突出绿色发展、人与自然和谐共生，让青山绿水成为大国首都的底色。深入实施新版城市总体规划，加强城市基础设施建设，提高城市精细化管理水平，构筑好城市治理现代化的基础，运用现代化城市治理方式，构建有效的现代化超大城市治理体系。统筹发展和安全，维护首都安全稳定大局。

（四）坚持久久为功，保持推进中国式现代化的战略定力

要更加坚定历史自信，增强历史主动，锚定率先基本实现社会主义现代化目标任务，前瞻十五年、聚焦头五年、干好每一年，一步一个脚印把蓝图变为现实，始终以奋发有为的精神状态投身中国式现代化伟大实践。

要坚持稳中求进工作总基调，不断释放消费和投资潜能，着力推动消费“上台阶、提质量”，更好发挥北京在数字消费、服务消费、绿色消费、国际消费等方面的优势，在国际消费中心城市建设中走在前列；着力推动投资“稳规模、优结构”，打好投资调度、要素保障、项目储备、投融资改革“组合拳”，充分发挥投资对优化供给结构的关键作用。

要不断加强科技创新，抓好重点产业发展。统筹发挥教育、科技、人才优

势，打造一批世界一流开放共享重大创新载体平台，突破一批关键核心技术"卡脖子"难题，集聚一批具有全球影响力的高水平国际化人才，壮大一批示范引领型科技创新企业雁阵，落地一批支撑全面创新的改革举措，基本形成国际科技创新中心，成为世界科学前沿和新兴产业技术创新策源地、全球创新要素汇聚地。

要始终把握产业数字化、智能化、绿色化、融合化发展趋势，推动先进制造业竞争力实现整体提升，战略性新兴产业、未来产业持续壮大，产业关键核心技术取得重大突破，数字经济成为发展新动能，推动平台经济规范健康持续发展，服务业优势进一步巩固，科技支撑农业高质量发展能力显著提升，以高精尖产业为代表的实体经济根基更加稳固。引进一批标志性、引领性、首创性外资项目，继续深入打造国际一流营商环境，让企业群众能办事、快办事、办好事、办成事，激发全社会创造力和发展活力，全力推动经济运行整体好转，为率先基本实现社会主义现代化开好局起好步。

（五）树牢系统观念，处理好中国式现代化建设中的若干重大关系

深刻理解"推进中国式现代化是一个系统工程"蕴含的辩证思维和工作方法，结合首都工作实际，统筹谋划推进，加强前瞻性思考，用联系、发展眼光看待和处理新时代首都发展各项工作，切实将系统观念落实到首都现代化建设的方方面面。深刻认识把握并正确处理好顶层设计与实践探索、战略与策略、守正与创新、效率与公平、活力与秩序、自立自强与对外开放等中国式现代化的一系列重大关系，各区各部门各单位相互协调配合，调动各方面积极性，形成推动首都现代化建设的合力。

习近平总书记指出，"推进中国式现代化，是一项前无古人的开创性事业，

必然会遇到各种可以预料和难以预料的风险挑战、艰难险阻甚至惊涛骇浪，必须增强忧患意识，坚持底线思维，居安思危、未雨绸缪，敢于斗争、善于斗争，通过顽强斗争打开事业发展新天地”[①]。新时代首都发展，要深刻认识和把握中国式现代化的风险挑战，时刻保持战略清醒、战略自信、战略主动，始终对风险挑战胸中有数，不断增强斗争底气、斗争本领，全力战胜前进道路上的各种困难和挑战。

① 《正确理解和大力推进中国式现代化》，《人民日报》2023 年 2 月 8 日。

第一章

深刻转型
推动新时代首都发展

“北京，是个美妙的湾。”这是美国地质学家贝利·维里斯对北京城的一个形象而又浪漫的比喻。北京之地，一片重山环绕的半封闭小平原，西与太行山余脉相接，北面和东面背靠燕山，东南面临辽阔的华北平原。受“三面环山、一面敞开”地理环境的影响，从气候和水文来看，北京湾内降雨丰沛、气候温暖湿润，称得上是一块“风水宝地”。北京历史悠久，有着3000多年建城史和870多年建都史，为中华文明的形成与发展作出了巨大贡献。北京拥有故宫、八达岭长城、周口店北京猿人遗址、天坛、颐和园、明十三陵、京杭大运河7处世界文化遗产，还有独特的京味文化和红色文化。1949年北京成为中华人民共和国首都，开始了翻天覆地的变化。在这场变化中，有形历史巨变和无形文化底蕴，共同在时代的发展中记录着中国的辉煌成就和壮丽创举，并构成了这座城市的独特魅力。今天，北京作为全国政治中心、文化中心、国际交往中心、科技创新中心，不仅凝聚了亿万中国人的智慧和热情，还吸引了来自全世界的目光。特别是党的十八大以来，北京始终沿着党中央指引的方向，风雨无阻，砥砺前行，从“北京发展”转向“首都发展”，从“单一城市发展”转向“京津冀协同发展”，从“聚集资源求增长”转向“疏解功能谋发展”，开启了全面建设社会主义现代化新航程。

一、新时代首都发展，本质上是首都功能的发展

北京因“都”而立、因“都”而兴，公元1153年金王朝将都城迁至燕京（今北京），取名“中都”，后来的元、明、清均定都于此，至今已870余年。新中国成立之后，以毛泽东同志为核心的党的第一代领导人将北京确定为首都，从此，北京这座古城成为人民的城、人民的首都。作为首都，北京的功能定位始终与国家整体战略相一致、与经济社会发展变化相一致。中华人民共和国成立之初，国家为提升首都城市形象和经济发展水平，进行了大规模的首都建设，建成了“十大建筑”、地铁1号线、首钢、密云水库等一批重大工程，取得了巨大成就。改革开放以后，北京服务国家社会主义市场经济发展大局，积极推动经济转型升级，构建以服务业为主导的产业结构，快速推动首都经济发展。

习近平总书记指出，建设和管理好首都，是推进国家治理体系与治理能力现代化的重要内容。从“首都建设”到“首都经济”再到“首都发展”，体现的是党中央对首都工作特点规律认识的不断深化。如何回答好“建设一个什么样的首都，怎样建设首都”这一重大时代课题，如何以首都发展为遵循优化城市功能、整合资源供给与分配、服务党和国家大局，是北京在新时代新征程上必须深入研究和破解的重要问题。推动新时代首都发展必须牢牢把握首都城市战略定位，突出功能引领、突出创新驱动、突出人民立场、突出城乡统筹、突出

故宫博物院

安全底线，充分发挥首都优势，将其率先转化为基本实现社会主义现代化的强大动能。

紧扣“四个中心”“四个服务”，北京始终坚持站在党和国家事业全局的高度来想问题、作决策、办事情，进一步处理好“都”与“城”、“舍”与“得”、“疏解”与“提升”、“一核”与“两翼”的辩证关系，紧紧围绕实现“都”的功能来布局和推进“城”的发展，以“城”的更高水平发展服务保障“都”的功能，做到服务保障能力同城市战略定位相适应、人口资源环境同城市战略定位相协调、城市布局同城市战略定位相一致。从《中共北京市委关于制定北京市国民经济和社会发展第十四个五年规划和二〇三五年远景目标的建议》中可以看到，北京市从“建设特色与活力兼备的现代化经济体系”“全面深化改革开放”“切实提高首都城市治理水平”“着力建设健康北京”“在更高水平上保障和改善民生”“大力推动绿色发展”“全力维护首都安全稳定”等方面描绘了推进现代化建设的规划。在这张蓝图之下，首都发展始终围绕“四个中心”功能建设、提高“四个服务”水平的主线展开，蕴含的内容包括政治、文化、国际交往、科技创新、民生福祉等多个领域，工作目标始终是更好服务党和国家工作大局。通过新时代十年的实践，服务政治中心、服务国际交往中心，推动强化了“北京服务”这张金名片；文化中心建设，更加擦亮了北京这座历史文化名城的金名片；科技创新中心建设，为首都高质量发展持续注入新动能。

知识链接：“四个中心”“四个服务”

“四个中心”是党中央赋予北京的城市战略定位，包括全国政治中心、文化中心、国际交往中心、科技创新中心。“四个服务”是首都基本职责，包括为中央党、政、军领导机关工作服务，为国家国际交往服务，为科技和教育发展服务，为改善人民群众生活服务。

二、新时代首都发展，根本要求是高质量发展

在中国式现代化的局面中谱写北京的现代化发展“前奏曲”，起关键作用的除了要充分认识北京作为首都定位的一个特殊存在，还需要在恪守这一定位的现实条件下，聚焦首都高质量发展。为了尽快实现高质量深层次的首都功能，北京开始严格依照法律和首都城市战略定位，紧锣密鼓地安排和规划。十年来，北京市把大量人、财、物等各方面资源注入高质量发展大课题，出台了一系列举措。

一是坚持减量发展，有序推动疏解非首都功能。北京是全国第一个提出减量发展的超大型城市。北京在坚持疏控并举的原则下，加速核心区中央政务空间的优化，以长安街、中轴线、二环路沿线区域为重要载体，以“红墙先锋”新作为，促重组、降密度、腾空间、优利用、塑特色、提品质，不折不扣全面增强首都功能核心区对全国政治中心功能的承载能力，为中央政务营造了安全、整洁、有序的环境。同时，推动部分批发市场、学校、医院、企业等向中心城区以外转移，北京非首都功能疏解空间格局加快构建，形成了北京新两翼。北京市常住人口自2017年以来逐年减少，2022年末为2184.3万人，比上年末减少4.3万人，与十年来的峰值2016年相比，减少11.1万人。其中首都功能核心区常住人口为180.4万人，比2021年减少0.8万人。[①]

① 根据《北京区域统计年鉴2023》整理而得。

长安街夜景

自2017年以来，北京扎实开展“疏解整治促提升”专项行动，累计疏解提质一般制造业企业2093家、区域性专业市场和物流中心640个，23家市属高校、医疗卫生资源向城六区外布局。[①]

二是坚持开放发展，用好服务业扩大开放综合示范区和北京自由贸易试验区高水平开放平台。稳步扩大规则、规制、管理、标准等制度型开放的先行先试，在投资贸易、金融服务、知识产权等领域实现突破性进展。服务业扩大开放重点领域实现增加值占北京市服务业增加值的比重接近七成，自贸试验区实现增加值占北京市生产总值的比重接近一成。2023年，北京市新设外资企业1729家，同比增长22.8%。积极打造北京城市国际交往“大平台”，主动融入全球城市网络，巩固扩大国际“朋友圈”，全方位展示国际大城市魅力。北京现

① 《市发改委主任穆鹏：优化提升首都功能，加快建设现代化首都都市圈》，《新京报》2023年1月14日。

已有市区两级国际友好城市和友好交流城市 260 个。北京充分发挥“双奥之城”独特优势，做好后冬奥文章，以首钢园为重要空间载体，打造国际冰雪运动与休闲旅游胜地，积极承办赛事，吸引国际组织、职业联盟和冰雪运动知名企业落地，积极申办冰雪世界赛事。

北京首钢园滑雪大跳台夜景

三是坚持协同发展，大力建设“现代化首都都市圈”。打造“通勤圈”，提升环京交界地区的同城化效应，实现与北京的东部、南部等地区融合发展；打造“功能圈”，对接北京与天津和雄安新区，通过功能互补，加强联动发展，共同引领区域高质量发展；打造“产业圈”，进一步发挥好京津冀节点城市的支撑作用，推动产业链强链补链，提高产业配套能力，共同做大“产业蛋糕”。近年来，三个圈层实现地区生产总值占京津冀地区的比重超四成，现代化首都都市圈建设可谓生机勃勃。

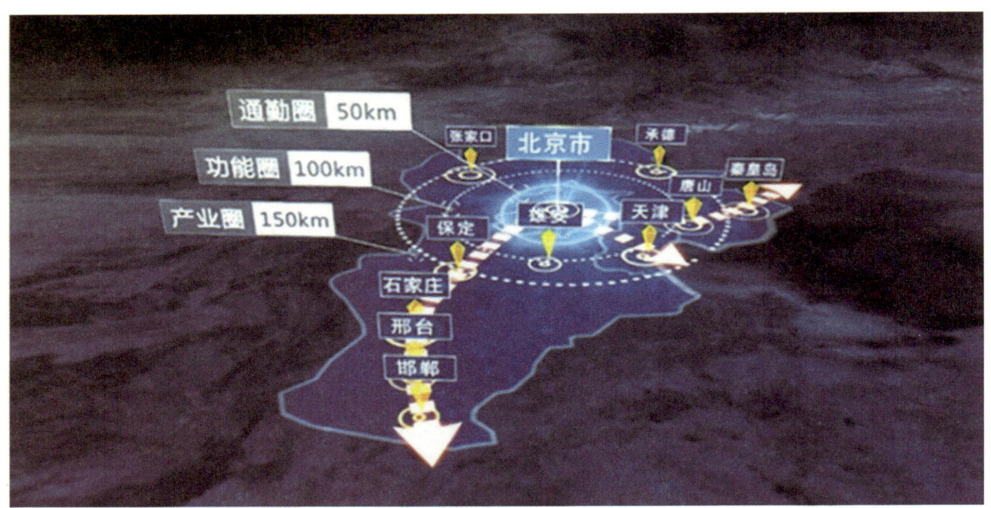

通勤圈、功能圈、产业圈构成的现代化首都都市圈初具雏形

四是坚持创新发展，大力实施创新驱动发展战略。国家级高新技术企业、独角兽企业和“专精特新”企业数量均居全国各城市首位。北京产业结构持续向“高精尖”迈进，“三城一区”是北京市建设国际科技创新中心的主平台，“三城一区”指中关村科学城、怀柔科学城、未来科学城和北京经济技术开发区。其中，中关村科学城的特点是聚焦，集聚全球高端创新要素，形成一批具有全球影响力的创新型领军企业、技术创新中心、原创成果和国际标准；怀柔科学城的特点是突破，聚集一批大科学装置，建设国家重大科技基础设施和前沿科技交叉研究平台，吸引聚集全球高端科学家；未来科学城的特点是搞活，打开院墙搞科研，集聚一批高水平企业研发中心、研发创新平台，持续引进“千人计划”人才，打造全球领先的技术创新高地；北京经济技术开发区的特点是承接，发展高端制造业，承接三大科学城科技成果转化。首钢园是新时代首都城市复兴新地标，正在成为推动科技创新的重要高地。2023 年，北京高精尖产业结构更显“含金量”，十大高精尖产业全部突破千亿级，其中新一代信息技术集

群产值突破三万亿元。[①] 数字经济增加值从 2015 年的 8719.4 亿元增加到 2023 年的 18766.7 亿元，占北京市生产总值的比重达 42.9%[②]。同时，北京市社会消费品零售总额在 2013 年突破万亿元，2023 年达到 14462.7 万亿元，增长 4.8%，实现了疫情后的稳步恢复。[③] 投资由速度规模型向质量效率型转变，由重经济效益向重社会效益转变。

大运河畔，北京城市副中心三大建筑与自然和谐共生，承载美好未来（潘之望　摄）

① 根据北京经济和信息化局发布的《厚植新质生产力　释放更强动力　本市十大高精尖产业均破千亿级》整理所得。

② 《2023 年北京经济运行情况新闻发布会》，首都之窗，https://www.beijing.gov.cn/shipin/InterviewLive/1014.html。

③ 根据北京市统计局发布的《消费品市场稳步恢复　消费需求有效释放　2023 年北京消费品市场运行情况解读》整理所得。

“森林书苑”图书馆

五是坚持绿色发展，营造蓝天碧水好生态。北京的天变蓝成为老百姓最有获得感的一件实事。[①]近年来，一系列大气污染防治措施落地见效。北京的细颗粒物年均浓度，从 2013 年的 89.5 微克 / 米 ^{3} 降到 2023 年的 32 微克 / 米 ^{3}。城市副中心成功创建北京平原地区首个国家森林城市，全区森林覆盖率达到 33.78%。与此同时，副中心的“文化粮仓”大剧院、“森林书苑”图书馆、“运河之舟”博物馆三大建筑对外开放。北投集团城市副中心三大建筑项目部副总经理沙钢介绍：“项目对标绿色建筑三星标准，每年可减少二氧化碳排放近 1 万吨，技术处于国内领先水平。”

① 《牢牢把握首都城市战略定位推动高质量发展（高质量发展调研行）》，《人民日报》2023 年 7 月 26 日。

三、新时代首都发展，出发点和落脚点是让人民生活幸福

习近平总书记强调，现代化不仅要看纸面上的指标数据，更要看人民的幸福安康。北京紧紧围绕“七有”“五性”优化服务，城市面貌发生了人民期盼的可喜变化，发展活力明显增强，人民群众获得感显著提升，一座宜居城市以崭新面貌呈现，人民群众幸福感满满。

知识链接：“七有”“五性”

“七有”：党的十九大报告指出，必须多谋民生之利、多解民生之忧，在发展中补齐民生短板、促进社会公平正义，在幼有所育、学有所教、劳有所得、病有所医、老有所养、住有所居、弱有所扶上不断取得新进展。

“五性”：北京市提出的，随着我国社会主要矛盾转化为人民日益增长的美好生活需要和不平衡不充分的发展之间的矛盾，北京市民对美好生活的需要呈现出“便利性、宜居性、多样性、公正性、安全性”的新特点。

人民的幸福离不开丰富的文化生活。3000 多年建城史、870 多年建都史，造就了北京别具一格的历史文化风韵。一个个老胡同、一条条文化带、一排排文明楼宇，焕发新颜的古城里，既能感受传统文化的庄严，也能体会红色历史的深刻，还能享受民俗中的“烟火气”。北京积极开发京味元素的旅游文创商品，打造了“大戏看北京”文化名片，整修开放一批承载唱京戏、演评剧等京艺文化的地标建筑，打造隆福寺、北京坊、燕京八绝博物馆、天桥剧场等热门文化活动场所，凸显特色鲜明的京味文化。

北京胡同

知识链接：“燕京八绝”

“燕京八绝”包括雕漆、宫毯、花丝镶嵌、金漆镶嵌、景泰蓝、牙雕、玉雕、京绣八大工艺门类，曾在明清时期盛极一时，开创了中华传统工艺的高峰。

人民的幸福离不开健全的公共服务。北京社区养老服务驿站从无到有，累计建成运营1000余家，中心城区基本实现照料中心全覆盖。2022年末，北京市参加企业职工基本养老、城镇职工基本医疗、失业、工伤和生育保险的人数分别为1764.2万人、1496.2万人、1391.4万人、1337.8万人和1086.6万人，分别比上年末增长2.3%、0.7%、2.4%、2.3%和0.4%。特别是，北京正在开启高水平教育现代化建设的新征程，数字化、个性化、国际化续写首都教育高位、优质、均衡发展的壮美时代华章，为首都高质量发展和中国式现代化提供有力人才保障和智力支持。北京将为教育事业服务作为中国式现代化发展的重要内容，加大投入，促进改革，优化结构，不断提高教育服务水平，增强教育服务首都发展的能力。2022年，北京市幼儿园入园幼儿17.9万人，在园幼儿57.4万人；北京市医疗卫生机构共有12211个，比上年末增加484个，床位数13.4万张，比上年末增加0.4万张。

比如，作为响应北京推动民办幼儿园转成普惠园政策的带头者，北京二十一世纪实验幼儿园在北京地区转型普惠园的比例已经达到86%，为北京推动学前教育普及、普惠、安全、优质发展作出了贡献。

人民的幸福离不开优质的政务保障。提升服务水平，推动政务服务事业高质量发展。北京积极打造政务服务体系，基本实现各区政务服务中心全覆盖，各级政务服务“小窗口”正在全力做好惠企便民“大服务”。北京市政务服务中心是北京市打造的办理市级事项的“一站式”服务平台，打造“北京通”App，实现了政务服务的“五个一”，贯通了北京市、区、乡镇（街道）、村（社区）四级政务服务网络，实现政务服务全联网全覆盖，推动各级服务窗口全面提质、统一标准、规范管理、优化流程、提高效率，实现办事企业群众“最多跑一次”或“一次都不跑”。

知识链接：北京市政务服务中心的“五个一”

北京市政务服务中心的“五个一”是指“一门”“一窗”“一网”“一号”“一端”。其中，“一门”是指七成区级事项政务服务大厅可办；“一窗”是指通过任一窗口可直接“找政府”；“一网”是指市区事项网上可办率均超90%；“一号”是指市民首次来电将跟踪办理；“一端”是指更多事项“掌上办”。

人民的幸福离不开急难愁盼问题的解决。北京积极深化接诉即办改革，整合了北京市政府服务热线资源，纳入市政府服务热线12345，打造综合型政府服务热线大平台，实现了民有所呼、我有所应。同时积极提升制度化规范化法治化水平，锁定更多“小切口”改革，破解民生“大问题”，能够快速回应市民诉求、促进问题解决、及时反馈和主动治理，不断提高诉求解决率和市民满意率。

人民的幸福离不开完善的城市交通体系。城市交通体系是城市现代化的重要体现，也是最重要的民生工程。北京以《北京城市总体规划（2016年—2035年）》为抓手，坚持以人民为中心，加快构建综合、绿色、安全、智能的立体化现代化城市交通体系，为城市发展和群众出行提供基础支撑。北京拥有世界上规模最大、接入线路最多、智能化水平最高的轨道交通管理中枢——北京市轨道交通指挥中心（以下简称轨道指挥中心）。轨道指挥中心始终坚持人民地铁为人民的理念，强化科技支撑和创新驱动，应用大数据、人工智能等现代化手段和技术，为乘客画像、为设备画像、为业务画像，为更好满足城市发展和群众出行需要服务，为首都高质量发展和现代化建设服务。

3F
国内登机
Domestic
Boarding

第二章

区域协同 “一核”带动“两翼”齐飞

党的二十大报告指出，促进区域协调发展，深入实施区域协调发展战略、区域重大战略、主体功能区战略、新型城镇化战略。这是新时代促进区域协调发展的重要抓手。京津冀协同发展作为习近平总书记亲自谋划、亲自部署、亲自推动的重大国家战略，新时代以来取得了令人瞩目的成效。“实践证明，党中央关于京津冀等重大区域发展战略是符合我国新时代高质量发展需要的，是推进中国式现代化建设的有效途径。”北京作为京津冀协同发展的“一核”，在与国家战略同频共振中积极贡献力量，把自身发展纳入京津冀协同发展战略空间考量，展现出“努力使京津冀成为中国式现代化建设的先行区、示范区”的责任担当，打开了向世界展现中国式现代化的重要窗口。

一、牵牢“牛鼻子”，拓展协同发展新空间

京津冀协同发展的出发点和落脚点就是要解决北京“大城市病”问题，为全国乃至世界治理“大城市病”提供“中国方案”。北京以疏解非首都功能为“牛鼻子”，开展“疏解整治促提升”专项行动，雄安新区和北京城市副中心有序拉开城市框架，不仅优化了北京功能布局，而且探索出一条在实现中国式现代化过程中，人口经济密集的大都市地区和周边地区协同发展的实践路径。

（一）“腾笼换鸟”育新机

北京批发市场及服装加工行业人员一度高达 60 多万人，疏解非首都功能及其承接工作是块难啃的“硬骨头”。其中，动物园服装批发市场（以下简称“动批”）和大红门服装批发市场（以下简称“大红门”）疏解是北京推动京津冀协同发展工作要点，是“疏解整治促提升”标志性项目。“动批”自 2013 年 8 月起，历经试点疏解、全面提速、整体迁出三个阶段，到 2017 年 11 月 30 日，4 年时间内全部疏解。“大红门”2018 年底完成 45 家区域性批发市场疏解任务，疏解商户 3 万户。河北沧州成为主要外迁承接地，沧州明珠国际商贸城 80% 以上的商户来自北京被疏解商户，而在承接北京服装产业这盘大棋中，沧州不仅承接

“大卖场”，更是建起“梦工厂”，大量被疏解商户实现了从批发零售到品牌打造的飞跃。2022年，仅沧州明珠服装商贸产业集群年营业额就超过400亿元，并带动当地3万多人就业。承接北京非首都功能疏解，大大提升了河北沧州的经济社会发展质量和水平。

“动批”的转型是以疏解非首都功能为抓手，以产业转型腾笼换鸟为引领，以公共空间系统性提升为带动，形成了“政府主导、设计引领、市场参与”的城市更新范式，为北京其他区域性批发市场疏解提升提供了样板。其疏解方式和过程锚定“四个坚持”：一是坚持整体谋篇布局，加强高位指导、跟踪调度、专题协调和督促指导，形成工作合力；二是坚持改革创新，“一楼一策”破解疏解难题；三是坚持践行人本思想，强化服务保障，人性化疏解贯穿全过程；四是坚持高质量发展，利用腾退空间发展高精尖产业。①

“动批”变身金科新区核心区（方非　摄）

① 《京津冀协同发展亮点项目建设案例图册》第11—12页，中共北京市委北京市人民政府推进京津冀协同发展领导小组办公室，2022年10月。

疏解北京非首都功能，不仅为推动周边地区高质量发展提供了战略支撑和强大动能，而且激发着北京高质量发展的内生动力。在北京，疏解腾退出来的空间“升级”为一座座现代化的写字楼，变身为科技创新、文化等产业发展的载体，焕发出新活力。金科新区、南中轴国际文化科技园从原“动批”“大红门”地区“走出”。金科新区覆盖北京市西城区全域，核心区位于原“动批”地区。金科新区在 2018 年 5 月底举办的金融街论坛年会上揭牌成立；2019 年 1 月经国务院批复升级为国家级金融科技示范区。在过去 5 年的发展历程中，金科新区创造了国内金融科技领域“三个一”：第一个提出并建设以金融科技产业为主要产业的示范区，截至目前是唯一被国务院确定的国家级金融科技示范区，第一个探索金融科技创新试点机制的园区。金科新区已累计引进重点金融科技企业、专业服务机构 166 家，注册资本超过 1100 亿元，金融科技产业业态基本形成。2022 年 12 月 30 日，南中轴国际文化科技园一期正式开园，52 家高精尖企业同步入驻，高精尖产业向南中轴地区加速集聚，与周边环境协同、打造开放式空间，带动区域全面转型与活力复苏。未来，南中轴大红门地区将形成“礼乐双轴”空间格局，建成大尺度、结构性、高品质蓝绿生态环境体系，形成以城市更新和产业焕新互促为支撑的产城融合发展路径，推动丰台区乃至城南地区内涵式升级、结构式蜕变和跨越式跃迁。

（二）“两翼齐飞”迎巨变

自 2014 年国家提出京津冀协同发展战略以来，北京城市副中心和河北雄安新区就被定位为京津冀协同发展的“两翼”。习近平总书记指出，站在当前这个时间节点建设北京城市副中心，要有 21 世纪的眼光。建设雄安新区是千年大计、国家大事。首先就要在规划、建设的理念上，体现出前瞻性、引领性。作为北京发展新的骨架，这两片沃土正是“以最先进的理念、最高的标准、最好的质量"统筹推进、精耕细作，如今呈现出生机勃发的良好势头，洋溢着热火朝天的建设氛围，让人感受到京津冀协同起势腾飞的巨大变化。

2019年1月，北京市级行政中心正式迁入城市副中心，带动约1.5万人迁入，后续将有约3万人再搬到城市副中心，进而带动更多中心城区特别是核心区的人口疏解到城市副中心。

北京城市副中心展现出林水相映、蓝绿交织的迷人景观（潘之望 摄）

一批批聚焦生态、交通、公共服务的重大工程在城市副中心拔地而起。城市绿心森林公园就是最先启动的建设项目之一，生态雨水系统、智慧园林、生物保育乐园的打造，让公园成为兼顾生态防护、游憩娱乐、文化教育等功能的开放空间，进一步强化了副中心的绿色基底。城市副中心剧院、城市副中心图书馆、首都博物馆东馆三大文化设施建设，坚持科学统筹、精打细算，通过建筑信息模型（BIM）技术优化设计、精细化管控等多重手段，合理节约投资达上亿元，未来将成为立足城市副中心、辐射京津冀、提升文化软实力的重要阵地，是展示城市发展的生动窗口。着眼于“新一代国际化商务区和站城融合发展示范区”功能定位，城市副中心站综合交通枢纽这座面向未来的超级枢纽初现轮廓，在进出站交通组织、公共空间人性化、综合安全水平和空间弹性提升方面进行了有益探索，可满足多场景、百万级消费需求，不仅有效实现了北京非首都功能疏解，而且连通了京津冀主要节点城市，是渗透绿色理念的现代化街区，将成为首都北京的新门户。

设立雄安新区的初心是打造疏解北京非首都功能集中承载地，截至 2023 年 3 月，中央企业在雄安新区设立各类机构 140 多家，其中二三级子公司 90 多家，新区投资来源为北京的注册企业超过 3000 家。① 雄安新区“三校一院”交钥匙项目现已全部竣工交付，分别由北京北海幼儿园、史家小学、北京四中和宣武医院提供办学办医支持，这对促进雄安新区承接非首都功能发挥了基础性作用。

雄安新区容东片区（潘之望 摄）

① 《未来之城 阔步走来——高标准、高质量建设雄安新区六周年述评》，中国雄安官网，http://www.xiongan.gov.cn/2023-04/02/c_1211963496.htm。

二、织密交通网，铺就共同富裕“幸福路”

协同发展，交通先行。北京拥有7座全国铁路客运枢纽和2座国际机场，迎来“七站两场”交通发展新时代，向外交通辐射能力大幅提升，对接津冀，陆海空齐发力，打造京津冀立体交通网，共同描绘“陆海空交通图谱”。多节点、网络状、全覆盖的综合交通运输网络方便了人们生活、促进了产业协同，带领京津冀奔向实现全体人民共同富裕的现代化幸福大道。

（一）形成航空“双枢纽”发展格局

2019年9月25日，大兴国际机场正式通航，正式形成北京“一市两场”航空“双枢纽”发展格局，也标志着北京成为我国继上海之后第二个航空“双枢纽”城市。大兴机场靠近京津冀地理中心，既服务北京，又保障雄安新区，是京津冀地区重要枢纽，显著提升了京津冀地区机场群建设水平，促进区域交通网络建设，对加快构建京津冀世界级城市群具有重要意义。

航空“双枢纽”不仅方便了交通运输，更带动临空经济发展。临空经济区是依托航空枢纽和现代综合交通运输系统，提供高时效、高质量、高附加值产品和服务，集聚发展航空运输业、高端制造业和现代服务业而形成的特殊经济区域，是民航业与区域经济相互融合、相互促进、相互提升的重要载体。临空经济区以开放包容之姿态，加速建设产业载体，持续引进重点项目，不断优化营商环境。截至 2023 年底，国家级临空经济示范区共 17 个，其中北京 2 个，分别是大兴国际机场临空经济示范区、首都国际机场临空经济示范区。截至 2023 年 7 月，北京大兴国际机场临空经济示范区注册企业达到 5171 家（外资 129 家），其中 2023 年上半年就新增注册企业 881 家，累计完成 343 家注册资本 5000 万元及以上企业的注册工作，注册资本达到 1167 亿元①。

北京大兴国际机场

① 《生机勃发在临空 努力打造向世界展示中国式现代化的重要窗口》，中国网财经，https://new.qq.com/rain/a/20230727A07UOKOO.html。

（二）打造“轨道上的京津冀”

“交通一体化是京津冀协同发展的骨骼系统。这个系统立起来了，协同发展的基础和条件就立起来了，人流、物流、信息流一体化就很容易实现了。”如今，京津冀交通一体化正从蓝图变成现实，城市之间连线成网，铁路、公路网越织越密。北京高速公路总里程达 1196 千米，且已开通 41 条跨市域公交线路，运营里程达 2712 千米，满足三地居民公共交通出行需求。[①] 习近平总书记指出，“城市轨道交通是现代大城市交通的发展方向。发展轨道交通是解决大城市病的有效途径，也是建设绿色城市、智能城市的有效途径”[②]。如今，京津冀地区已逐步形成京津、京雄（石）、京唐、津雄四轴，衔接太原、郑州、商丘、济南、潍坊、秦皇岛、沈阳、呼和浩特 8 个方向的“四轴、八放射”路网布局，基本形成京津冀核心区 1 小时交通圈、相邻城市间 1.5 小时交通圈。京张高铁开通运营，京哈高铁全线贯通，京唐城际铁路建成通车，城际铁路联络线一期有序建设，“轨道上的京津冀”主骨架形成。截至 2022 年末，京津冀区域营运性铁路总里程达 10848 千米，较 2014 年末增长 38.3%[③]，实现铁路对 20 万人口以上城市全覆盖，其中高铁 2575 千米，覆盖所有地级市。北京至 6 个毗邻区域全部实现 1 小时内通达，与 300 千米范围内的主要中心城市“津石保唐”均实现高铁 1 ~ 1.5 小时快速联系。同时，轨道上列车的“奔跑”速度也在稳步提升，复兴号动车组在京张、京沪、京津等多条高铁线路上实现了时速 350 千米运营。车轮拉近了城市间的时空

---

① 参见《聚焦“城”与“车”：“轨道上的京津冀”越跑越快》，《北京青年报》2023 年 5 月 25 日。

② 参见《习近平出席投运仪式并宣布：北京大兴国际机场正式投入运营》，《人民日报》2019 年 9 月 26 日。

③ 《“轨道上的京津冀”不断优化升级》，中国雄安官网，http://www.xiongan.gov.cn/2023-07/17/c_1212245299.htm。

距离，高铁的快速发展更推动着经济产业形态和布局的深度重构。

案例：京张高铁

京张高铁是中国第一条采用中国自主研发的北斗卫星导航系统、设计时速为 350 千米的智能化高铁，也是世界上第一条最高设计时速为 350 千米的高寒、大风沙区域高速铁路。沿线车站及车内均能实现无线上网。京张高铁所有复兴号列车均实现“人检”到“机检”模式的转变，智能服务无处不在。京张高铁不仅是北京冬奥会重要交通保障措施，也是京津冀打造“1 小时交通圈”的重要一环，拉近了北京与张家口的时空距离，填补了北京西北部高速铁路的空白。

（三）打通海陆联运大通道

位于京津冀城市群和环渤海经济圈交会点上的天津港，是我国北方重要的综合性港口和外贸口岸。京津冀多家机构联合研发推动，天津港摘掉碳排放大户的帽子，以绿色、智能发展迈向现代化。多年来，京津冀共建区域陆海联运大通道，加强铁路疏港通道建设，优化集疏港运输结构，完善港口集疏运体系。2021 年 12 月，“天津港－平谷”海铁联运被确定为常态化班列，打通了服务首都、辐射京津冀、集海铁联运、公铁联运、铁铁联运为一体的智慧绿色物流枢纽新通道，每年将减少北京与天津之间 1.56 万辆次大货车上路，实现碳减排 2400 吨，为推进京津冀交通发展、减少交通拥堵和节能减排作出了重要贡献。北京与天津港的互动、创新，可以管窥京津冀十年来的协同发展之效。

2023 年 6 月 14 日，北京 CBD 管委会联合天津港（集团）有限公司、北京朝阳海关，在北京 CBD 招商服务中心设立“北京 CBD－天津港京津协同港口服务中心”（以下简称“一站式服务中心”）。作为北京市朝阳区推动京津冀协同发展的创新举措，一站式服务中心将天津港的港口服务前置到朝阳区、深入到CBD，为企业通关提供便利服务，让企业感受天津港“海上门户”枢纽功能。一站式服务中心设立后，将在促进跨境贸易便利化、进出口物流畅通等方面发挥积极作用。

三、筑牢“绿色长城”，涵养京津冀美丽生态

人类文明的发展史就是一部人与自然的关系史，生态环境变化直接影响文明兴衰演替。党的十八大以来，党中央以前所未有的力度抓生态文明建设，“冬奥蓝”“张北的风点亮北京的灯”等一个个美丽生态故事飞出京城，火到国外。京津冀山同脉、水同源、人同心，北京携手津冀先后签订实施《京津冀区域环境保护率先突破合作框架协议》《生态环境联建联防联治合作框架协议》，全力打造京津冀区域绿色生态屏障，持续推动区域生态环境质量改善。在通往人与自然和谐共生的现代化路上，一个个“北京奇迹”正在成为“北京名片”，越来越多地传递着大美京津冀的万千气象。

（一）握指成拳打赢“蓝天保卫战”

大气环境保护是京津冀协同发展生态领域率先突破的重要内容之一。大气污染治理，北京难以独善其身。2013 年 9 月，国务院发布《大气污染防治行动计划》，提出在京津冀建立大气污染防治机制；同年 12 月，北京联合周边六省市和相关国家部委成立京津冀及周边地区大气污染防治协作小组；2023 年 10 月，该机构功成身退。蓝天保卫战已经打了十年。十年来，京津冀三地践行“责任

共担、信息共享、协商统筹、联防联控”，共计分类整治“散乱污”企业 16.3 万余家，三地农村及城镇地区散煤清洁能源改造近 1580 万户。其中，北京实现平原地区基本无煤化，天津燃煤锅炉和工业窑炉基本完成清洁能源替代，河北基本淘汰 35 蒸吨以下燃煤锅炉。生态环境部等十部委、京津冀三地及周边地区以共同开展秋冬季污染攻坚行动、联合应对空气重污染、协同保障重大活动为主要内容，在京津冀及周边地区大气污染防治领导小组的统筹指导下，建立定期协商、信息共享、联合应急、联合执法等大气污染联防联控机制。具体包括：小组定期召开工作会议；成员之间保持信息共享，推动立法、标准、规划、政策等统一；强化应急联动，联合会商、联合预警，共同减缓区域性空气重污染；固化联合执法机制，严厉打击交界地区的大气污染违法行为。自京津冀开展区域大气污染联防联控以来，三地科学、精准、依法治污，深化管理创新，在区域大气联防联控机制框架下，有效破解了长距离跨区域传输污染难题，共同推动空气质量持续改善。2022 年京津冀三地 $PM_{2.5}$ 的浓度相比 2013 年下降 63%，北京市重度及以上污染天数减少 88%。重度以上污染天数从 58 天减少到 8 天，被联合国环境规划署誉为“北京奇迹”。重污染天数明显减少，环境空气质量明显改善，给人民群众带来实实在在的获得感。

北京城市一角

（二）共护一湾碧水长清

生态系统是水、土、气、生等各生态环境要素之间存在紧密联系的一个整体，其中，水资源是人类生存的基本要素，也是社会经济发展的重要限制因素。京津冀属半干旱地区，人口和经济的快速增长给水资源带来极大挑战。在流域共治方面，京津冀水源涵养区生态补偿机制稳步实施，生态系统质量和稳定性持续提高。北京永定河、潮白河等五大主干河流 26 年来全部重现“流动的河”并贯通入海，81 处干涸多年的泉眼复涌，年度 63 条生态清洁小流域治理任务完成，北京市河流、水库等健康水体占比达 85.8%。

2022 年 8 月 30 日，京冀两地签署了新一轮为期 5 年的《密云水库上游潮白河流域水源涵养区横向生态保护补偿协议》。每年，北京市安排 3 亿元左右，河北省安排 1 亿元，主要用于密云水库的水源涵养。新一期生态保护补偿协议的签署，树立了北方水资源紧缺地区流域共建共享机制的样板，流域上下游系统治理呈现制度化、常态化以及稳定化，体现了京冀两地践行习近平生态文明思想的思想自觉、政治自觉、行动自觉，是推进京津冀协同发展的现实检验和生动实践。

密云水库上游潮白河流域

（三）筑牢生态安全屏障

良好生态，是最普惠的民生福祉，更是京津冀协同发展的最纯底色和有力支撑。习近平总书记指出，“绿水青山就是金山银山”，这凝聚了中华传统文化的智慧成果，体现了对人与自然关系、发展与保护关系的全新认识。京津冀三地深入学习贯彻习近平生态文明思想，坚持山水林田湖草沙一体化保护和系统治理。从 2013 年开始启动京津风沙源治理二期工程，开始向土壤更加贫瘠、水源更加缺乏、交通更加不便的地区进军，在森林质量和景观设计上都有了更高要求。北京通过实施两期京津风沙源治理工程，共完成造林营林 922 万亩，山区森林覆盖率提高 27 个百分点，北京市沙化土地面积减少近 60%，五大风沙危害区得到基本治理，大大提高了森林质量和覆盖率，加深了京津冀绿色发展的底色，实现了生态功能最大化，促进了区域经济可持续发展。

2009 年，京冀林业部门编制《京冀生态水源保护林建设合作项目规划（2009—2020 年）》，在张家口、承德两市的官厅水库、密云水库上游主河道第一重山脊范围的重点集水区营造 100 万亩生态水源保护林。截至 2019 年底，京冀生态水源保护林 100 万亩建设任务全面完成，其中张家口市完成造林 52 万亩，承德市完成造林 48 万亩。该项目通过建设生态水源保护林增强了森林涵养水源，净化了水质，改善了密云水库、官厅水库上游地区生态环境，构建了环首都生态圈，保障了首都用水安全，形成了京津冀生态一体化格局。[①]

此外，三地大力推进生态文明示范创建，从小生物看大生态，共同加强生物多样性保护。北京的鸟类十年间增加了 80 多种，唯一以“北京”命名的北京

① 《京津冀协同发展亮点项目建设案例图册》第 56 页，中共北京市委北京市人民政府推进京津冀协同发展领导小组办公室，2022 年 10 月。

北京雨燕

雨燕从过去不到3000只恢复到近万只；天津观测记录的鸟类达452种，每年有超百万只候鸟迁徙过境，其中包括遗鸥等国家一级保护鸟类；河北白洋淀野生鸟类增至248种，极危物种青头潜鸭已在此“安家落户”。①“万物各得其和以生，各得其养以成”，当人类像保护眼睛一样保护生态环境，像对待生命一样对待生态环境，自然自是给予慷慨回报。

保护生态环境

① 《去年京津冀细颗粒物年均浓度首次全部步入“30+”阶段》，新京报官网，https://www.bjnews.com.cn/detail/167107767217502.html。

四、下好“一盘棋”，绘就产业联动新画卷

产业是京津冀协同的实体内容和关键支撑。作为国际科技创新中心，2022年北京研发经费投入强度保持在6%左右，位居国际创新城市前列，培育形成新一代信息技术产业和科技服务业2个万亿级产业集群，拥有高新技术企业2.82万家，技术合同成交额7947.5亿元[①]，点燃京津冀协同发展的创新引擎。三地充分发挥各自比较优势，优化区域产业链供应链布局，形成“北京研发＋津冀制造”新模式。协同是针，创新是线，一个更加紧密的京津冀产业协同共同体正加速成型。

（一）“三圈三链”诠释协同发展新内涵

京津冀正携手描绘中国式现代化先行区、示范区的新图景，推动形成环京地区通勤圈、京津雄功能圈、节点城市产业圈，加快建设现代化首都都市圈。据统计，2015年以来，北京企业对都市圈企业投资次数累计超3.2万次，投资额超

① 参见《高质量发展调研行：创新协同 京津冀发展共谋新篇章》，央视网，https://www.gov.cn/yaowen/shipin/202308/content_6900837.html。

1.6万亿元。[①]截至2022年，京津冀三地经济总量已突破10万亿元，产业链、供应链、创新链“三链”联动成果显现。据统计，北京流向津冀技术合同成交额累计已超过2100亿元。中关村企业已在天津、河北设立分支机构累计9500余家，北京流向津冀技术合同成交额从2014年的83.1亿元增加到2022年的356.9亿元。[②]京津冀朝着合力打造“先进制造业创新发展增长极”的目标奋勇向前。

知识链接：京津冀国家技术创新中心

京津冀国家技术创新中心与20所全球一流大学建立了官方合作关系，组建了多个技术创新平台及产业化基地，聚集了100多名世界一流学者，组建了200多人的高水平专职工程技术团队，每年实施约50项世界一流重大科研项目，成果产业化率超过60%，每年约培养创新创业研究生200人。这种大学“育种”、中心“育苗”、企业“育材”、区域“成林”的发展模式，融合京津冀创新链、产业链，推动北京创新资源赋能津冀产业发展。[③]

（二）“双城记”唱响创新协同新乐章

推进京津双城联动发展，要以产业结构优化升级和实现创新驱动发展作为合作重点，把合作发展的功夫主要下在联动上，努力实现优势互补、良性互动、

① 《京津冀协同发展：区域联动成果丰硕 加快构建现代化首都都市圈》，中国新闻网，https://new.qq.com/rain/a/20230223A08ZXB00.html。

② 《协同是针，创新是线！京津冀地区生产总值突破10万亿》，新浪网，https://k.sina.com.cn/article_1831650534_6d2cc4e600101eyve.html。

③ 《京津冀协同发展亮点项目建设案例图册》第59页，中共北京市委北京市人民政府推进京津冀协同发展领导小组办公室，2022年10月。

共赢发展。京津这两座城市尽管都是超大城市，但优势各不相同，北京科技创新优势明显，天津具有先进制造研发优势，京津合作就是要把两者结合起来。多年来，天津滨海－中关村科技园新增注册企业累计超3000家，宝坻京津中关村科技城建设持续推进。作为中关村发展集团京外第一个重资产投资项目，京津中关村科技城在顶层规划的基础上，以生态规划为前提，实现生态维护和资源循环利用；以人口规划为根本，研究产业人口导入，制定人才吸引政策；以空间规划为载体，制定园区空间结构、功能布局；以投入产出规划为保障，制定开发建设投融资方案，创新融资模式；以开发模式规划为核心策略，制定项目建设开发策略和开发运营方案；统筹开发运营模式，统揽科技城“产城人景文”深度协同发展，塑造人与产业、人与城市、产业与城市的关系，用新一代产业新城的发展理念统筹开发运营模式。[①]京津合作示范区积极引进先进制造业和高端现代服务业，落地产业项目5个。天津累计引进北京企业投资项目超7000个，到位资金超1.2万亿元。2023年，京津产业交流合作对接洽谈会成功举办，两地政府部门签署7项合作协议。以协同破题，京津不仅承担着辐射带动和高端引领京津冀世界级城市群建设的使命，而且将为世界“双核”城市群建设贡献更多“中国智慧”。

① 《京津冀协同发展亮点项目建设案例图册》第65—66页，中共北京市委北京市人民政府推进京津冀协同发展领导小组办公室，2022年10月。

五、实现“一体化”，共享服务增强获得感

习近平总书记指出，京津冀如同一朵花上的花瓣，瓣瓣不同，却瓣瓣同心。公共服务共建共享，是促进京津冀协同发展的有效支撑。十年来，北京通过体制机制创新、加强对接合作，积极推动优质公共资源向津冀延伸，促进养老、医疗、教育等领域公共服务共建共享，增强群众的获得感和幸福感。

（一）打通教育、医疗、养老资源流动新通道

教育、医疗、养老是事关社会稳定和百姓福祉的关键领域，习近平总书记强调，“坚持以人民为中心，促进基本公共服务共建共享。要着力解决百姓关心、涉及切身利益的热点难点问题，优化教育医疗资源布局”[①]。目前，北京成立15个跨区域特色职教集团（联盟），开展教育协同帮扶项目。北京潞河中学和北京实验学校的三河校区揭牌。北京优质医疗资源覆盖京津冀，累计实施京冀、京津医疗卫生合作项目约50个。现有43项临床检验结果可在京津冀485家医疗机构实现互认，21项医学影像检查资料可在三省市239家医疗机构试行共享。

① 《习近平的小康情怀》，人民出版社2022年版，第156页。

京津冀5100余家定点医疗机构实现异地就医门诊费用直接结算。[1]北京医疗专家到河北坐诊、查房、手术，让百姓足不出户就能享受到知名专家的诊疗服务，尽享资源流动红利。北京养老项目向环京周边地区延伸，越来越多的老年人享受到了协同发展带来的“民生大礼包”。现在北京市已经有近5000名老年人入住河北、天津的养老机构。三地共同推动建立老年人能力综合评估、养老机构等级评定等标准互通互认长效机制，培训交流养老服务人才约3000名，北三县在城市副中心获职业技能证书的养老从业者已有2261位。未来将有更多的教育、医疗、养老资源在京津冀流动起来，释放更多的民生福利。

（二）营造政务服务“一网通办”新体验

随着京津冀协同发展走深走实，三地企业跳出一隅天地，产业协作和人员往来开始有了新的需求——“跨省通办”。说起来容易，但真正实现却要跨越不同地域行政机构的不同体系、不同标准和不同流程，即使在京津冀地缘相近、人缘相亲的情况下，也要逐一打通堵点、解决痛点，才能给企业和百姓带来便利。为此，京津冀三地进一步优化区域营商环境，共同签订营商环境一体化发展合作框架协议及商事制度、政务服务等5个重点领域子协议。围绕降低制度性交易成本、全面提高区域要素协同配置效率，在以上重点领域加快推进改革，成效初步显现。截至目前，京津冀三地推动179项政务服务事项“同事同标”，实现234个服务事项线上通办，实现200多项“京津冀＋雄安”政务服务事项“移动办”，建立“京津冀＋雄安”12345热线合作。[2]此外，北京经开区政务服务中心和北京城市副中心政务服务中心带来的京津冀政务服务理念的改变和流

---

① 《京津冀区域协作水平持续提升》，《河北日报》2022年2月28日。

② 《京津冀实现234个服务事项“跨省通办”》，廊坊市人民政府网，https://www.lf.gov.cn/Item/134325.aspx。

程再造，也为三地产业紧密协作带来了新活力和新机遇。

知识链接：北京城市副中心政务服务中心

北京城市副中心政务服务中心位于北京市通州区新华东街 48 号。地上建筑面积约 4000 平方米，其中一层为智能终端自助办理区、多功能会商室和 24 小时自助服务区，二层是人工窗口服务区、全息展示中心、大数据展示中心和相关服务专区。该中心是北京市首个由老旧厂房改建而成的政务服务中心，也是全国首个以智能自助服务为主的智能型政务服务中心，是京津冀共同优化营商环境的重要窗口和载体。①

① 《京津冀协同发展亮点项目建设案例图册》第 81—82 页，中共北京市委北京市人民政府推进京津冀协同发展领导小组办公室，2022 年 10 月。

第三章

减量增效
高质量发展迈大步

习近平总书记指出，新时代新阶段的发展必须贯彻新发展理念，必须是高质量发展。党的二十大报告把高质量发展确定为全面建设社会主义现代化国家的首要任务、中国式现代化的本质要求之一。牢牢把握高质量发展这个首要任务能够促进我国产业结构、需求结构、城乡区域发展结构优化升级，应对和化解内外部的风险挑战，顺利推进社会主义现代化建设，实现质量变革、效率变革、动力变革。减量发展是首都高质量发展的鲜明特征和应有之义，是开启新时代首都现代化建设的新航标。北京作为全国第一个实现减量发展的城市，创新探索形成以“规模约束、功能优化、空间提升”为鲜明特征的北京版高质量发展模式，推动首都城市经济从聚集资源求增长向疏解非首都功能谋发展深刻转型，建设特色与活力兼备、质量与效益明显提升的首都特色现代化经济体系，使经济发展更好服务于首都城市战略定位。

一、聚力发展“高精尖”，激活产业升级新动能

首都实施和推进减量发展战略需要平衡好资源环境承载力硬约束与持续提升经济规模总量之间的矛盾①，就首都北京的发展阶段和发展水平来看，大力发展新质生产力，培育高端引领、创新驱动、绿色低碳的高精尖产业体系是加速新旧动能转换，破解“减量”与“发展”矛盾问题的重要突破口，是构建符合首都城市战略定位和北京特色现代化产业体系的科学实践。

（一）系统谋划超前布局，构建高精尖产业体系

党的十八大以来，习近平总书记对北京走高精尖产业发展之路提出了明确要求。2014 年 2 月 26 日，习近平总书记在视察北京时强调，要调整疏解非首都核心功能，放弃发展“大而全”的经济体系，腾笼换鸟，构建高精尖的经济结构，使经济发展更好服务于城市战略定位。为落实总书记的重要讲话精神，北京市率先提出打造高精尖产业体系的构想，北京市上下围绕高精尖产业发展进

① 张杰：《首都高精尖产业体系与减量发展》，《北京工商大学学报（社会科学版）》，2018 年第 6 期。

行了积极的探索与实践，研究制定《北京市新增产业的禁止和限制目录》《关于进一步优化提升生产性服务业加快构建高精尖经济结构的意见》《加快科技创新发展新一代信息技术等十个高精尖产业的指导意见》等，推动产业发展由“大而全”向“高精尖”转变。

2021 年，北京市十大高精尖产业增加值占地区生产总值的比重达到 30.1%，共有规模以上法人单位 10445 家，实现增加值 1.2 万亿元，同比增长 21.9%、两年平均增长 15%，均高于 GDP 现价增速，对北京市经济增长的贡献率为 50.7%。[①]高精尖产业迅速成为首都经济发展中的支柱性产业。目前已培育形成新一代信息技术、科技服务业 2 个万亿级产业集群，医药健康、智能装备、人工智能、节能环保、集成电路多个千亿级产业集群，金融等现代服务业发展优势突出，国家级高新技术企业、专精特新小巨人企业和独角兽企业数量均居全国各城市首位。

在高精尖产业体系的支撑下，2017—2021 年全市经济总量先后跨越 3 万亿元、4 万亿元两个大台阶，人均地区生产总值超过 20 万元，居各省市区首位，达到发达经济体中等水平。全员劳动生产率保持全国第一。

“十四五”时期是北京落实首都城市战略定位、建设国际科技创新中心、构建高精尖经济结构、推动京津冀产业协同发展的关键时期。面对新阶段、新要求，2021 年 8 月，北京市出台了《“十四五”时期高精尖产业发展规划》，系统谋划布局合理且符合北京特色的高精尖产业体系，提出要构建“2441”高精尖产业 2.0 升级版，集中体现“五个突出”：一是突出高端智能绿色方向；二是突出创新引领数智赋能；三是突出聚焦产业链发展新集群；四是突出跨区域深度协同；五是突出独立自主和开放合作相促进。

① 北京市统计局:《工业转型成效显著 空间布局特色突出——党的十八大以来北京经济社会发展成就系列报告》。

知识链接："2441"高精尖产业体系

积极培育形成新一代信息技术、医药健康两个国际引领支柱产业，做强集成电路、智能网联汽车、智能制造与装备、绿色能源与节能环保四个"北京智造"特色优势产业，做优区块链与先进计算、科技服务业、智慧城市、信息内容消费四个"北京服务"创新链接产业，抢先布局生物技术与生命科学、碳排放与碳中和、前沿新材料、量子信息等一批具有颠覆性的未来前沿产业，为高精尖产业持续发展培育后备梯队。

（二）推动创新要素赋能，提升高精尖产业核心竞争力

北京市科技创新资源丰富，在数字化进程中具有技术突破和产业创新的领先优势。为推动科技创新与产业体系的有效衔接和紧密融合，北京市坚持"抓平台、育生态"产业培育范式，推动国际氢能中心、国家人工智能创新应用先导区、国家工业互联网根节点、工业互联网大数据中心等一系列基础设施重大平台落地，构建产业创新体系，推动开展关键核心技术、基础前沿技术攻关，锻造"撒手锏"技术，为提升高精尖产业创新效能提供了充足的动力。

近年来北京市持续加大研究与试验发展（R&D）经费投入，投入强度常年位列全国第一。据北京市统计局数据，2022 年，基础研究经费占 R&D 经费的比重达到 16.6%，每万人发明专利拥有量达 218.3 件，稳居全国第一。2023 年北京"高被引科学家"411 人次，首次位居全球城市之首；蝉联《自然》杂志全球科研城市榜单第一，国际科技创新中心指数居全球第三。同时加强研发资源向高精尖产业倾斜力度，高精尖产业研发费用同比增长 33.1%，人均研发费用为 72.8 万元，高于北京市平均水平（49.1 万元），其中，软件信息服务、新一代信

息技术和新材料产业研发费用增速均在 40% 左右。

案例：怀柔打造高端科学仪器和传感器产业示范区

2021 年，北京市级层面出台《关于支持发展高端仪器装备和传感器产业的若干政策措施》及实施细则，支持怀柔区依托怀柔科学城[①]丰富的大科学装置资源，建设高端仪器装备和传感器产业基地。2020—2022 年，北京市市、区两级在重点专项、空间建设等方面累计投资超 100 亿元，落地硬科技项目 222 项。截至 2023 年 6 月，在怀柔落地仪器和传感器相关企业累计已达 286 家，正全力申报全国首个国家级高端科学仪器领域示范区。

（三）加强分层分类服务，培育多元高精尖产业企业主体

要充分发挥高精尖产业作为北京市经济“压舱石”的作用，需要不断优化营商环境，培育多层次的企业主体，着力构建国际一流的创新发展生态。自 2019 年以来，北京市发布《关于推进北京市中小企业“专精特新”发展的指导意见》《北京市优质中小企业梯度培育管理实施细则》《关于实施十大强企行动激发专精特新企业活力的若干措施》等专项以及综合性政策，支持加快培育一批独角兽、隐形冠军、小巨人、“专精特新”、瞪羚企业；通过完善高精尖企业梯队培育生态链，围绕标杆企业打造、构建“链主”企业带动、单项冠军跟进、专精特新“小巨人”集聚梯队培育模式，实现“一企一策”精准服务，为

① 怀柔科学城是北京建设国际科技创新中心“三城一区”的主平台（中关村科学城、怀柔科学城、未来科学城、北京经济技术开发区）之一，是国家发展改革委、科技部联合批复的北京怀柔综合性国家科学中心，是我国建设创新型国家和世界科技强国的重要力量。

高成长性创新企业建设融通发展平台，不断壮大高精尖产业创新生力军。截至2023年底，北京市累计培育认定7180家专精特新企业，国家级“小巨人”企业达795家，“小巨人”总量连续两年位列全国各城市榜首。[①]北京市有独角兽企业114家，数量排名位列全球第三名，数量和估值在全国城市中均居首位。[②]此外，为更好服务“专精特新”企业及创新型中小企业，2023年8月24日，北京“专精特新”专版正式开版，打造有针对性、适配度高的服务体系，首批50家企业登录专版。

北京目前拥有以百度、字节跳动、寒武纪、旷视为代表的人工智能企业约1500家，约占全国人工智能企业总量的28%。在“数字经济创新企业百强”“软件百强”“综合竞争力百强”等重要榜单中，北京市入选企业数量均位列全国第一。2022年，北京市有33家企业入选中国互联网企业综合实力百强，在全国省级行政区中入选数量最多；连续十年名列中国互联网综合实力企业榜单的19家企业中，北京有10家，占据绝对优势。

知识链接：“专精特新”、小巨人企业、独角兽企业

根据《优质中小企业梯度培育管理暂行办法》，“专精特新”是指具备专业化、精细化、特色化、创新型四大优势的企业。小巨人企业是指专注于细分市场、创新能力强、市场占有率高、掌握关键核心技术、质量效益优的排头兵企业。独角兽企业一般指具有高成长性、估值在10亿美元以上的初创企业，开辟新领域新赛道的生力军，是科技领军企业的后备军。

---

① 北京中小企业服务平台：《北京市专精特新企业监测月度报告（2023年12月）》。
② 胡润研究院：《2023全球独角兽榜》。

二、以“数”赋能建标杆，抢占数字时代新赛道

习近平主席指出：“数字技术正以新理念、新业态、新模式全面融入人类经济、政治、文化、社会、生态文明建设各领域和全过程，给人类生产生活带来广泛而深刻的影响。”[①] 推进中国式现代化，必须体现出数字时代的新要求。[②]2021 年 8 月，北京提出建设全球数字经济标杆城市并发布实施方案，全面推动建设全球数字经济标杆城市并取得积极进展。建设全球数字经济标杆城市是北京“五子”联动融入新发展格局的其中一子，是北京市直面新时代、新要求，以“数”赋能首都经济高质量发展的战略举措。通过超前谋划、高标准建设，北京市已成为全球数字经济资源最充裕、发展条件最优越的城市之一。

知识链接：“五子”

“五子”是围绕首都城市战略定位，从国际科技创新中心建设、“两区”建设、全球数字经济标杆城市建设、以供给侧结构性改革创造新需求、以疏解北京非首都功能为“牛鼻子”推动京津冀协同发展等五

① 《习近平向2021年世界互联网大会乌镇峰会致贺信》，《人民日报》2021年9月27日。

② 黄泰岩：《体现数字经济时代要求　推进中国式现代化》，《光明日报》2023年8月22日。

个维度，形成体系化的工作抓手，更好服务加快构建新发展格局的战略任务。

（一）夯实智慧城市发展底座，建设数字原生的未来之城

数字经济是继农业经济、工业经济之后的主要经济形态，是以数据资源为关键要素，以现代信息网络为主要载体，以信息通信技术融合应用、全要素数字化转型为重要推动力，促进公平与效率更加统一的新经济形态。[①]智慧城市建设已经成为研究探索数字经济改革发展模式、健全数字经济治理体系、布局数字经济发展新格局的战略选择。北京立足首都城市战略定位，持续打造全球新型智慧城市发展样板，从2012年进入国家首批智慧城市试点到2019年获评“智慧城市十大样板工程”，从入选首批智慧城市基础设施与智能网联汽车协同发展示范城市到提出2025年将建设成为全球新型智慧城市的标杆城市，北京正在加速向“数字北京”“智慧北京”迭代升级，支撑首都数字经济全场景创新应用落地。

为加快城市数字智能转型，北京市以新基建为抓手，推动新一代信息技术和城市基础设施深度融合，适度超前布局数字基础设施建设，建成一批示范引领性强的数据原生基础设施，拓宽重大场景应用领域，加快感知体系建设和城市码应用，夯实智慧城市数字底座，基础设施建设初见成效。目前，北京市千兆固网累计接入156万用户，建成5G基站7.5万个，实现五环内全覆盖、五环外重点区域和典型场景精准覆盖，每万人拥有5G基站49个、居全国第一，

① 国务院印发的《“十四五”数字经济发展规划》。

北京望京 SOHO 夜景

智慧城市“七通一平”体系有序启动。“七通一平”包括一网、一图、一云、一码、一感、一库、一算以及大数据平台。其中，“一网”包括 5G 基站建设、EUHT 专网、无线专网技术升级等；“一图”是指初步实现统一底图数据整合，完成统一服务平台建设；“一云”是指总体规划及统一的监管平台逐步落地，云节点稳定运行，用云效率逐步提升；“一码”是完成统一身份标识系统、城市二维码管控和服务核心功能搭建；“一感”包括感知台账、感知视图库、感知算法中心等感知体系基础设施建设有序启动；“一库”为推进空间计算操作系统 2.0 暨海淀百万平米试点工作、市级目录区块链系统 2.0 版本上线运行；“一算”指印发实施细则并建立市、区两级数据中心工作联席会议机制，统筹北京市数据中心（算力中心）建设布局；“一平台”为 16 个部门的 32 个应用提供多租户服务，汇聚 50 余个市级部门 4 万余个数据项、380 多亿条政务数据。

案例：海淀城市大脑创新应用场景——电力大数据城市画像

城市大脑利用实时城市数据资源，实现全过程、全覆盖和全方位管理，促进城市全周期管理，是城市数字化转型的重要引擎。海淀区于 2021 年正式启用了海淀城市大脑智能运营指挥中心（IOCC）。作为城市大脑重要创新应用场景之一的智慧能源板块，国网北京电力利用海淀电力大数据按需设计应用场景，囊括电力看经济发展、电力看社会民生、电力看创新驱动、电力看城市规划、电力看环保减碳、电力看文化繁荣六个板块，通过电力大数据建模计算，及时输出政府部门关注的热点，为风险预估、决策提供电力视角，形成以电力数据为核心的多维度城市画像。

（二）积极探索前沿制度创新，培育开放高效的数据要素市场

党的二十大报告提出，构建全国统一大市场，深化要素市场化改革，建设高标准市场体系。数据作为新型生产要素，已快速融入生产、分配、流通、消费和社会服务管理等各环节，深刻改变着生产方式、生活方式和社会治理方式。作为“21 世纪的石油”，数据要素市场的培育建设已成为推动首都数字经济发展、打造全球数字经济标杆城市的战略举措。

北京拥有大量部委机关、行业协会、中央企业、跨国企业、数字经济平台企业等，聚集了海量涉及金融、电力、工商、税务、交通、医疗等领域的公共数据和社会数据，数据种类繁多，数据质量极高，数据资源储量处于全国领先水平，可通过率先推动跨境数据交易、率先开展数据资产等级评估入表试点、率先建成国际大数据交易所等，统筹北京市政务数据、产业数据和相关社会数

据的汇聚、管理、共享、开放和评估，充分挖掘数据价值潜力。目前，北京市数据要素市场位居全国前列，市场规模约为 350 亿元，占全国的 39% 左右。[①]

（三）打造首都转型示范高地，拓展“数实融合”新蓝海

习近平总书记指出，要推动数字经济和实体经济融合发展，把握数字化、网络化、智能化方向，推动制造业、服务业、农业等产业数字化，利用互联网新技术对传统产业进行全方位、全链条的改造，提高全要素生产率，发挥数字技术对经济发展的放大、叠加、倍增作用。[②]北京市不仅是数字产业化的创新策源地，也是产业数字化的赋能高地，北京市以打造技术创新型、数字赋能型、平台服务型和场景应用型等“北京智造”“北京服务”标杆项目、标杆企业为抓手，推动数字技术各产业领域的创新应用和广泛渗透，支持传统产业数字化转型，培育新产业、新业态、新模式，形成具有国际竞争力的数字产业集群，有力支撑北京数字经济蓬勃发展。2023 年，北京市数字经济增加值为 18766.7 亿元，占地区生产总值比重达到 42.9%，位居全国第一。

北京市深入实施“新智造 100”工程，加速打造一批世界级智能制造“标杆工厂”，在北京市制造业智能化转型升级中发挥示范引领作用，福田康明斯“灯塔工厂”、小米“黑灯工厂”等行业标杆企业不断涌现，赋能制造业加速向高端化、智能化、绿色化发展；在人工智能、5G 通信等数字技术的研发和应用方面加强布局，拓展智能化升级应用场景，2021 年，高精尖制造业中每万名工人拥有 360 台工业机器人，明显高于规上制造业平均水平（176 台）。同时，支持制造业企业拓展服务型制造、共享生产等两业融合模式，推动实施两业融合试点

① 数据由北京市经济和信息化局提供。

② 《把握数字经济发展趋势和规律　推动我国数字经济健康发展》，《人民日报》2021 年 10 月 20 日。

工作，“一园五企”融合发展经验获得国家发展改革委认可。比如，小米集团以“互联网＋产业＋金融”的模式构建人工智能物联网（AIot）生态，北汽福田基于车联网平台整合产业链上下游资源发展服务市场业务，形成一批服务型制造的典型两业融合发展模式。[①]

① 《两业融合项目加强金融支持》，《北京日报》2023年2月25日。

三、促进消费再升级，建设国际范“购物之城”

国际消费中心是现代化国际大都市的核心功能之一，承载了人们对美好生活的期盼，具有强劲的消费引领和带动能力。[①]对于北京来说，培育建设国际消费中心城市是积极主动服务和融入新发展格局、以消费供给侧结构性改革创造新需求的重要举措，也是北京落实首都城市战略定位、建设“高能级高质量”城市经济体的必然要求。2021 年 7 月，国务院批准北京等 5 个城市率先展开培育建设工作。两年来，北京充分发挥首都优势，加强消费供给，优化消费环境，以首善标准打造一流的国际消费中心城市。

（一）强化顶层设计，集中打造消费空间载体

北京市为高质量推进首都商业消费空间载体建设、优化商业消费空间均衡布局，2022 年 11 月，北京市规划和自然资源委员会会同北京市商务局共同编制发布了《北京市商业消费空间布局专项规划（2022 年—2035 年）》（以下简称《专项规划》），这是在深入实施城市总体规划的阶段，推动国际消费中心城市建

① 黄庆华、向静、周密:《国际消费中心城市打造：理论机理与现实逻辑》,《新华文摘》2023 年第 3 期。

设的一项核心工作。《专项规划》提出坚持以首都战略定位引领商业消费空间发展，强调突破单一的消费导向，全面推动商业与城市功能融合互促，提升商业消费能级，打造“中国潮”“国际范”“烟火气”共融共生的城市名片，高效激发城市内生动力与精神活力。基于此整体构建了“四级两类多维”的商业消费空间体系，强调全周期、差异化的规划实施引导。“建立四级空间结构”是指在市域范围内形成“国际消费体验区、城市消费中心、地区活力消费圈和社区便民生活圈”四级商业消费空间布局；“分类推进规划实施”是指综合考虑商业消费空间所处的发展阶段和规划要求，将北京市消费集聚区整体划分为更新提升型和新增培育型两大类，其中前者以城市更新为核心路径，重在功能置换、空间品质提升，后者则重在加强建设引导、宣传招商等方面；“构建多维主体场景”是指基于区位优势、资源禀赋，从历史风貌、环境景观、文化体育、自然生态、景观旅游等多方面塑造多维消费场景，构建特色鲜明的多元主题商业消费集聚区，服务市民公众多层次的消费需求。

北京不断推动大型商业设施落地，优化均衡北京市特色消费地标。在城市核心区，支持王府井国际一流步行商业街区品质提升，加强与周边文化艺术资源联动，打造故宫－王府井－隆福寺“文化金三角”，形成最具文化魅力的国际消费名片；在城市东部，环球主题公园开园运营，延伸文化娱乐消费链条布局，完善高端餐饮、住宿、休闲等消费功能配套，打造“文化＋科技＋旅游”融合性消费地标；在城市西部，支持首钢园六工汇综合体建设，引进一批具有奥运元素的消费业态，打造国内外游客奥运打卡地；在城市南部，大兴临空区重点项目将迎新进展。除新增商业项目外，存量商业设施改造、城市更新项目也成为推动商圈提质发展的重要领域。自 2019 年开始，北京市启动了首轮传统商圈改造提升工作，推动王府井、西单、三里屯、CBD、回龙观等 34 个传统商圈焕发新貌，以商业与景观深度融合、在地文化呈现、丰富业态组合带来消费新体验，激活消费新活力。

三里屯商圈

（二）完善消费供给，持续壮大消费品牌矩阵

北京市注重国际消费与本土消费两者兼顾，坚持品质至上、质量至上，做大做强品牌经济，为世界消费群体提供丰富的消费选择和消费体验。

北京注重以“首店＋首发”组合手段打造国内外知名品牌集聚地、原创品牌孵化地。“首店经济”是指一个区域利用特有的资源优势，吸引国内外品牌在区域首次开设门店，从而使品牌价值与区域资源实现最优耦合，是对区域经济发展产生积极影响的一种经济形态；“首发经济”是吸引消费的“流量密码”，不仅能体现区域消费创新能力，更是城市商业量级的重要参照。从供给侧角度看，“首店＋首发”意味着更加新颖、特色、稀缺的消费供给，有利于促进消费提质扩容。自2019年起，北京市商务局相继出台《促进首店首发经济高质量发展若干措施》等支持措施，2020年出台了鼓励发展商业品牌首店项目的申报指南，给予国际品牌企业、本土自主品牌企业和国际品牌授权代理商减免房租、项目奖励、活动补贴等方面的支持，并根据首店政策执行情况不断优化申报指南内容，促进政策红利不断释放，吸引了大批知名品牌在北京设立首家实体店和旗舰店，并产生了较强的辐射联动效应，助力北京建设“购物之城”“时尚之都”。北京累计支持62个申报首店首发政策项目，4年间新增引进首店、旗舰店、创新店3720家，在数量上稳居国内首店经济第一梯队。同时，国际品牌落地北京的首店占比正不断上升，2022年在北京落地的812家品牌首店中有全球首店5家、亚洲首店1家、中国（内地）首店31家、北京首店775家。

为支持本土品牌做优做强，北京市积极探索新消费品牌孵化机制，在全国率先建立了政府优化环境、市场实施孵化的品牌孵化联动体系，通过认定一批孵化基地、依托一批孵化机构、筛选一批入孵企业，构建新消费品牌孵化生态圈。目前，北京市已有6个新消费品牌孵化试点基地挂牌运营，累计孵化品牌达60个，北京市入库新消费品牌超300个，基本形成了以资本孵化为主要载体引导品牌发展、以基地试点为实验场景实施品牌培育的整体格局。

（三）优化政策环境，创新引领消费业态发展

深入推动“放管服”改革、创新优化消费业态营商环境是北京以“首善标准”打造国际一流消费中心城市的一大法宝。两年来，北京加快清理消费业态隐形壁垒，营造市场化、法治化、国际化一流营商环境。在40个重点消费行业

场景开展“一业一证”改革试点，进一步营造便利化市场准入环境。加强标准引领，积极发布多项北京市地方标准，支持创制国际国内先进消费行业标准。破除制约扩大消费的机制障碍，加强重点领域安全监管，引导行业加强自律，促进产品服务质量提升，构建良好消费环境①。

案例：三个“一件事”集成服务——北京市政务服务网

2023 年 6 月 30 日，举办大型营业性演出、体育赛事、展览展销等三个“一件事”集成服务正式上线北京市政务服务网“办好一件事”专区，主要服务对象为在北京市举办以营利为目的，租用、借用或者以其他形式临时占用场所、场地的大型消费活动。本次集成改革通过优化审批流程、数据共享等方式，大幅精简了审批材料、压缩了审批时限。

① 《北京培育建设国际消费中心城市两周年成效显著》，北京市人民政府网，https://beijing.gov.cn/ywdt/jiedu/zxjd/202307/t20230728_3209981.html。

四、城南京西齐腾飞，走好城乡区域共富路

全体人民共同富裕是中国式现代化的本质特征，区域协调发展是实现共同富裕的必然要求。客观而言，由于历史原因，北京京西、城南区域与全市发展存在较大差距，经济综合实力有待进一步增强，基础设施和综合服务配套与发展需求还不匹配。以城南地区为例，城南地区生产总值仅占全市的 15%，第三产业占比普遍较低且缺乏高端服务业支撑，平均产出仅为全市平均水平的 54%，劳动生产率为全市平均水平的 83%。[①] 为改变区域发展的不均衡，北京实施城南行动计划、深化京西转型发展，开启区域转型升级的新篇章，绘出一幅具有首都特点的共同富裕画卷。

（一）擦亮“中轴线”，提升城南区域发展水平

城市南部地区是首都的南大门，包括丰台区、房山区、大兴区、北京经济技术开发区，是“一核两翼”的腹地，是京津冀协同发展的重要战略门户，是首都高质量发展的重要承载空间，战略地位十分突出。“城南行动计划”是解决

① 数据出自北京市发展和改革委员会统计数据。

城市南北发展不均衡问题、一张蓝图干到底的生动实践。2010 年以来，北京市先后推进了四轮行动计划，集中实施了一系列重大项目和支持政策，引导重大项目和优质资源要素优先在城南精准布局，城南地区发展短板不断补齐、发展格局逐步清晰、发展要素加快集聚。

首先，城南地区聚焦打造国家战略的重要承载区。牢牢把握国家发展新的动力源这一定位，建成北京大兴国际机场，加快建设国际一流的现代化临空经济区，设立北京中日创新合作示范区，打造丽泽金融商务区，建成全国首个氢能交流中心、全球最大加氢站，推动国家信创基地等专项实现新突破。其次，强化龙头项目带动作用，深耕细作重点领域和细分行业，打造出了轨道交通、航空航天、高端汽车、产业互联网、生物医药、新一代信息技术等 6 个千亿级产业集群，培育了智能制造、新材料等若干个百亿级产业集群。最后，构建优势产业生态系统，例如，依托大兴生物医药基地打造全产业链的医药创新体系，聚集优质高精尖项目。此外，城南地区主动融入京津冀协同发展，通过打造“轨道上的京津冀”，会同河北省共同实施申报自贸区、共建临空经济区管理机制和利益机制等战略举措，强化其“一核两翼”腹地功能，激发出强劲的崛起之势。

（二）亮出“新名片”，重塑京西地区亮丽景象

京西地区包括石景山区和门头沟区，是转型发展的典型区域。在北京市举办 2008 年奥运会背景下，随着首钢搬迁调整以及西山煤矿陆续关闭，京西地区开启转型发展之路。以 2011 年北京市出台《关于加快西部地区转型发展的实施意见》为标志，京西地区转型发展步入快车道，市级层面主要从区域发展、城市更新、老旧厂房改造等方面点面结合，出台了一系列有针对性的专项政策。例如，2014 年北京市出台的《关于推进首钢老工业区改造调整和建设发展

的意见》，创新性提出采取土地协议出让等灵活供地方式，并对土地收益资金实行专项返还政策，对后来新首钢地区盘活土地资源、保障该区域市政基础设施等开发建设起到了重要的推动作用。2022 年 2 月，北京市发布的《深入打造新时代首都城市复兴新地标加快推动京西地区转型发展行动计划（2022—2025 年）》，统筹考虑石景山、门头沟的产业转型问题，统筹产业升级和人口资源环境，建设好首都西大门。京西地区转型发展在北京市重点区域发展中的地位日益突出。

首钢大桥

案例：老工业区的华丽蝶变——首钢园焕新记

北京申办2008年奥运会成功后，首钢服从国家奥运战略和北京城市的定位要求，实施钢铁业搬迁调整。2015年北京申办冬奥会成功，首钢园区的转型改造迎来了新机遇。2019年12月，作为北京冬奥会北京赛区首座竣工投用的新建场馆，首钢滑雪大跳台惊艳亮相。首钢园利用原有厂房改造形成城市西部冰上运动中心，打造集合商业、体育、娱乐等综合服务功能的新时代首都城市复兴新地标，完成了从火到冰、从厂到园的华丽蝶变。

从区级层面来看，北京城市总体规划赋予石景山区国家级产业转型发展示范区、绿色低碳的首都西部综合服务区、山水文化融合的生态宜居示范区的功能定位，赋予门头沟区首都西部重点生态保育及区域生态治理协作区、首都西部综合服务区、京西特色历史文化旅游区的功能定位，对新首钢地区提出“打造新时代首都城市复兴新地标”的目标要求。结合功能定位，依托新首钢高端产业综合服务区、银行保险产业园、中关村石景山园和门头沟园等重点园区，京西地区积极培育以现代服务业为主导的新兴产业。其中，石景山区构建以现代金融业为战略主导，以科技服务业、数字创意产业、新一代信息技术产业为特色，以高端商务服务业为配套支撑的“1+3+1”现代产业体系，强化工业遗产保护利用，加速孵化“科技+”“体育+”新业态，特别是以新首钢地区举办冬奥会、服贸会两大盛会为契机，增强了国际交往功能支撑；门头沟区积极培育文旅体验、科创智能、医药健康三大新兴产业，特别是立足“一矿一主题，四矿四特色”，着力打造“一线四矿”文旅康养休闲区，成功打造了“门头沟小院”精品民俗区域品牌。目前，京西地区产业结构中二三产业占比由7:3转变为2:8，区域转型取得初步成效。

知识链接：门头沟“一线四矿”

门头沟“一线四矿”是京西煤炭工业的典型代表，是北京市首个矿山更新项目。“一线”指门大线，从门头沟站到木城涧站，全长33.4千米；“四矿”指沿门大线依次分布的王平、大台、木城涧和千军台四座煤矿，现已全部停产，共存有工矿用地约589万平方米、老旧厂房建筑约24万平方米。“一线四矿”规划建设和协同发展范围涉及门大线、沿线12个站点及周边区域共99平方千米，其中景观打造范围20平方千米、城市建设范围2平方千米。

（三）盘活“土特产”，奏响乡村振兴最强音

习近平总书记强调，各地推动产业振兴，要把“土特产”这3个字琢磨透。“土”讲的是基于一方水土，开发乡土资源。要善于分析新的市场环境、新的技术条件，用好新的营销手段，打开视野来用好当地资源。“特”讲的是突出地域特点，体现当地风情。要跳出本地看本地，打造为广大消费者所认可、能形成竞争优势的特色。“产”讲的是真正建成产业、形成集群。要延长农产品产业链，发展农产品加工、保鲜储藏、运输销售等，形成一定规模。党的十八大以来，北京市以新时代首都发展为统领，积极发展乡村特色产业，用好本地资源，做优做强特色品牌，延长农产品产业链条，推动规模化发展，努力走出了一条具有首都特点的乡村振兴之路，为建设农业强国作出了北京贡献。

立足乡土扬优势，化“土”为“金”谋振兴。北京市注重将乡土资源作为农村发展的基础，各个村镇客观认识和分析自身的优势与短板，试图将自身资源进行最大化利用，为乡村产业的发展方向进行精准定位。例如，北京市门头

沟区妙峰山镇炭厂村历史上以烧炭而闻名，为寻求适合自身的发展之路，在过去几十年间依托良好的生态山水资源，立足区域定位，大力发展旅游业，真正实现了化“土”为“金”、见“绿”生“金”。

因地制宜求发展，以“特”扬“优”促振兴。为做精乡村特色产业，发展都市型现代农业，北京市出台《关于做好2023年全面推进乡村振兴重点工作的实施方案》，明确要培育壮大区域特色优势产业，创建一批主导产业全产业链产值达到亿元的农业产业强镇、产值达到千万元的全国“一村一品”示范村。目前，北京市各乡村凸显地域特色，因地制宜打造形成了平谷大桃、昌平草莓、怀柔板栗、庞各庄西瓜等35个地理标志农产品，这些特色品牌一经推向市场，便被广大消费者认可。

以小带大建集群，提“质”旺“产”助振兴。产业兴旺是解决农村一切问题的前提，贯通产销，融合农文旅，延长产业链条，已成为北京市农村发展产业的优势。密云区金叵罗村建立起集生产销售、民俗旅游、科普体验、会客团建为一体的生态农场，形成了以小米为核心的产业链条。

第四章

擦亮名片 文化繁荣融贯古今

习近平总书记在党的二十大报告中强调："全面建设社会主义现代化国家，必须坚持中国特色社会主义文化发展道路，增强文化自信，围绕举旗帜、聚民心、育新人、兴文化、展形象建设社会主义文化强国。"在建设社会主义文化强国中，推进全国文化中心建设，全力做好首都文化这篇大文章，是北京承担的重要使命和职责，也是中国式现代化的文化领域在北京实践的内在要求。为此，北京始终坚持社会主义先进文化的前进方向，紧紧围绕古都文化、红色文化、京味文化、创新文化的基本格局和"一核一城三带两区"总体框架，努力提高社会文明程度，精心保护擦亮历史文化金名片，全面繁荣文化事业和文化产业，把北京建设成为中国特色社会主义先进文化之都、弘扬中华优秀传统文化的典范之城，谱写了公共文化建设提质升级的首都篇章，绘就了文化产业高质量发展的北京画卷。

一、践行社会主义核心价值观，彰显大国首都风范

价值观体现着一个社会评判是非曲直的价值标准，是最持久、最深层的力量。社会主义核心价值观凝结着全体人民共同的价值追求，是当代中国精神的集中体现，富强、民主、文明、和谐，自由、平等、公正、法治，爱国、敬业、诚信、友善的24字表达，从根本上回答了要建设什么样的国家、建设什么样的社会、培育什么样的公民的重大问题，不仅关系着社会的和谐稳定、国家的长治久安，更是中国式现代化的根本价值追求。北京作为社会主义大国的首都，是党的重大理论创新的策源地、哲学社会科学前沿思想的发端地、各种观点思潮激荡的交汇地，始终坚持以特殊的职责使命要求自己，在培育和践行社会主义核心价值观上走在前列，在各方面工作特别是思想理论高地、精神文明建设和文艺创造等方面充分发挥了社会主义核心价值观的引领示范带动作用，彰显了社会主义大国的首都风范。

（一）推动习近平新时代中国特色社会主义思想理论研究高地建设

进入新时代，踏上新征程，北京始终坚持不懈用习近平新时代中国特色社

会主义思想武装头脑、指导实践、推动工作，全力办好北京市习近平新时代中国特色社会主义思想研究中心，构建了弘扬主流价值的现代传播体系，深入宣传习近平新时代中国特色社会主义思想在京华大地落地生根、开花结果形成的生动实践；积极传承红色文化，以首都红色资源保护传承利用工作为重要抓手，把首都市民紧紧凝聚在新时代的思想旗帜下。

案例：北大红楼重开放，见证“觉醒年代”岁月峥嵘

孕育了中国共产党的北大红楼，在深入挖掘中国共产党早期北京革命活动精神内涵的基础上，以“光辉伟业红色序章——北大红楼与中国共产党早期北京革命活动主题展”吸引了大批观众来追寻历史足迹，重温觉醒年代的力量。2021年北大红楼被评为第三届全国革命文物保护利用十佳案例；同年12月，北大红楼入选“2021年北京网红打卡地推荐榜单”。

北大红楼复原场景之图书馆主任室（邓伟　摄）

（二）加强社会主义精神文明建设

精神文明虽看不见摸不着，却潜移默化地影响着人们的思想观察、价值判断乃至道德情操，是培育和弘扬社会主义核心价值观的重要载体。为此，北京把社会主义核心价值观的要求融入各种精神文明创建活动当中。一方面，积极加强新时代公民道德建设，大力弘扬劳模精神、劳动精神、工匠精神，推动“北京榜样”向各领域各行业延伸，开展“学榜样我行动”活动，形成崇高向善、见贤思齐的社会风气；另一方面，积极打造全国精神文明建设示范区，拓展新时代文明实践中心建设，深入实施《北京市文明行为促进条例》《北京市志愿服务促进条例》，推动社会主义核心价值观内化于心、外化于行，形成良好社会风气和道德风尚。北京始终以高层次、高水平、高强度标准来统筹协调推进全国文明城区创建工作。2021 年，《首都“十四五”时期精神文明建设规划》《关于深化文明城区创建的三年行动计划（2021—2023 年）》相继出台，为首都文明城市建设指明了发展方向，提供了制度依据和行动指南。

（三）激发新时代文艺创作活力

古人云：“文者，贯道之器也。”社会主义的“道”，即社会主义核心价值观，“文”即文化艺术，历来是价值观孕育、生成、传播及深入人心的沃土。北京的文艺工作者以高度的文化自信和文化自觉，高扬社会主义核心价值观的旗帜，将之形象生动、活灵活现地体现在文艺创作当中，让它在文艺精品中熠熠生辉、进入灵魂。近年来，北京积极营造能出精品、善出精品的文艺创作环境，推出文艺高峰之作，积极搭建全国文化交流平台，吸引“好作品来北京”，形成了“大戏看北京”“影视看北京”“好书看北京”的标杆效应，建设了具有广泛影响力的文艺创作、展演、传播中心。

在第十六届精神文明建设“五个一工程”的评选中，北京获组织工作奖，并有电影《我和我的祖国》《长津湖》《哪吒之魔童降世》、电视剧《山海情》《觉醒年代》、戏剧《伟大征程——庆祝中国共产党成立100周年大型情景史诗》《五星出东方》等11部作品获奖，入选数量居全国首位。

二、擦亮历史文化金名片，打造弘扬优秀传统文化典范之城

党的二十大报告指出，推进文化自信自强，铸就社会主义文化新辉煌，就要坚持创造性转化、创新性发展，以社会主义核心价值观为引领，发展社会主义先进文化，弘扬革命文化，传承中华优秀传统文化。北京既是展现中国发展新貌的现代化城市，也是见证千年沧桑的历史古都，其流风余韵所及无不体现出历史文脉之深厚绵长。北京擦亮历史文化金名片，打造弘扬中华优秀传统文化的典范之城，紧紧围绕老城整体保护复兴与“三条文化带”建设，积极推动文化遗产创造性转化和创新性发展，开创弘扬中华优秀传统文化的首都模式。

（一）推动老城整体保护与复兴

北京老城位于东城、西城的中心区域，面积共62.5平方千米，是中华传统城市营造理念和建造手法的集大成者，是中华优秀传统文化的承载者，也是五四新文化运动的发源地。在过去，北京老城历史风貌保护往往让步于城市化快速发展的现实需求。党的十八大以来，传承中华文明、弘扬中华优秀传统文化成为推动中国式现代化的题中之义，首都高质量发展离不开老城整体保护与复兴。

2014年2月25日，习近平总书记在视察北京时指出：“北京是世界著名古都，

丰富的历史文化遗产是一张金名片，传承保护好这份宝贵的历史文化遗产是首都的职责，要本着对历史负责、对人民负责的精神，传承历史文脉，处理好城市改造开发和历史文化遗产保护利用的关系，切实做到在保护中发展、在发展中保护。”[①]

2011 年，北京市委、市政府研究提出了中轴线申请世界文化遗产项目。2012 年，国家文物局经过审核，将北京中轴线项目正式列入“中国世界文化遗产预备名单”。北京市开始着手申遗工作，着重梳理整个中轴线沿线的文化遗产要素、文物保护单位的保护修缮情况等。2017 年，北京把中轴线申遗工作提到了全国文化中心建设的定位上，中轴线申遗成为北京市政府的重要工作之一。在此期间，政府出台一系列政策法规，明确“老城不能再拆了”的底线要求，并以北京中轴线为抓手持续带动老城整体保护，以人民为中心着力改善老城人居环境。2022 年 12 月，北京市人民政府常务会议审议通过《北京中轴线保护管理规划（2022 年—2035 年）》，为中轴线遗产周边环境地区、沿线道路、沿线重要节点的疏解、修缮、整治提供了统一规范，有助于提升老城整体形象与彰显中轴线遗产景观价值。2022 年，中轴线被正式确定为中国 2024 年世界文化遗产申报项目，中轴线申遗保护驶入快车道。

案例：750 多岁的北京鼓楼“火”出圈

以中轴线申报世界文化遗产为抓手，老城整体保护工作全面铺开。十年间，老城内百余项文物修缮工程扮靓中轴线，胡同环境整治持续发力，历史街区名人故居、四合院相继腾退。截至 2021 年，北京已划定了四批次共 49 片历史文化街区，公布了三批次共 1056 栋（座）

① 《习近平北京考察工作：在建设首善之区上不断取得新成绩》，《人民日报》2014 年 2 月 27 日。

历史建筑。中轴线北端的钟鼓楼经过保护性修缮和布展，恢复了一层7个券洞的历史原貌，向公众开放“时间的故事”展览。策展团队对钟楼进行了声音采样，并依据其声学性能模拟出在“四九城”各处听到的钟声效果。游客戴上耳机，就可以沉浸于钟声浑厚、余音袅袅、鸟鸣蝉啼的老北京光阴中。

整治后的钟鼓楼广场干净规整，成为居民休闲健身的好去处（武亦彬 摄）

（二）加强“三条文化带”保护传承利用

大运河碧波荡漾，万里长城巍峨雄踞，西山脚下湖光塔影。大运河文化带、长城文化带、西山永定河文化带承载了北京“山水相依、刚柔并济”的自然文化资源和城市发展记忆，是北京文化脉络乃至中华文明的精华所在。2017 年发布的《北京城市总体规划（2016 年—2035 年）》将“三条文化带”列为北京历史文化名城保护体系的重要内容，“三条文化带”建设为打造北京文化金名片增色添彩。

2022 年 4 月 28 日，京杭大运河实现百年来首次全线通水；6 月 24 日，京冀段 62 千米正式通航，深化京冀两地互联互通、共进共融。2022 年北京市文旅局联合北京市测绘设计研究院发布“京畿长城”国家风景道，主线全长约 400 千米，辐射联动 8 个国家级长城重要点段，以及多个国家全域旅游示范区、AAA 级及以上景区。预计 2035 年长城管理开放的长度有望达到北京长城总长度的 10% 左右。2021 年，永定河 747 千米河道实现 26 年来首次全线通水；2022 年，全线通水时间达到 23 天。

（三）推动文化遗产保护活化利用

北京打造弘扬中华优秀传统文化典范之城，推动文化遗产保护活化利用，就要把握好创造性转化和创新性发展这个中华优秀传统文化的总开关。党的十八大以来，北京以数字技术赋能文化遗产保护开发利用，在文旅、文博、文创等多领域搭建起历史文化资源与现代生活的桥梁。

北京推动古籍典藏和遗产展陈数字化，让沉睡的传统文化活起来，促使优秀思想文化为全社会所共享，为更深层次的创造转化提供了内容素材支持。以中华文明精髓整合全域旅游，把单项的文化遗产联动起来，织就历史文化文旅大蓝图，容纳多种消费场景。以产业化、品牌化引领非遗活态传承，全方位多层次助推非物质文化遗产实现当代价值。以云演艺、沉浸式综艺、融媒体创新传统文化表达方式，构建高语境传播场域，极大提升观众对中华优秀传统文化的认知。以老城改造、文创和动漫推动创意设计，联通传统文化与现代社会生活。

案例：活态传承，非遗“破圈”

2021 年至今，北京卫视播出《博物馆之城》《上新了 · 故宫》《遇见天坛》《了不起的长城》《我在颐和园等你》等多个文博类实景综艺节目，深入文化古迹现场，以“职业体验 + 影视复现 + 现场解说”的方式，实现传统文化与实景探秘、明星演绎和文创运营深度融合创新。2023 年 6 月，西城区文旅局推出“中轴西望——时光里的非遗”互动活动，将北京曲艺、一得阁制墨、荣宝斋木版水印、丰泽园鲁菜、天福号酱肉等 27 个非遗项目串联成旅游线路，结合当下热门的路书攻略形式，线上线下联动推广非遗项目。

首都博物馆

三、提供高品质服务，谱写公共文化提质升级首都篇章

加强现代公共文化服务体系建设，为人民群众提供满足基本文化需求的公共文化设施、文化产品和文化活动，对于保障人民基本文化权益、丰富群众精神文化生活、提高全民族文化素质、促进中国特色社会主义文化繁荣发展具有重要意义。丰富人民的精神世界是中国式现代化的本质要求之一，而公共文化服务水平就是人民精神世界是否丰富的“关键变量”。根据《北京市国民经济和社会发展第十四个五年规划和2035年远景目标纲要》提出的“推进公共文化服务体系示范区建设”和北京市十三次党代会提出的“扎实推进全国文化中心建设”的目标要求，立足首都城市战略定位的《北京市公共文化服务保障条例》于2023年1月1日正式施行。《北京市公共文化服务保障条例》通过法律规范和制度保障，促进深入挖掘北京丰厚的历史文化内涵，坚持创造性转化、创新性发展，将古都文化、红色文化、京味文化、创新文化等特色文化融入公共文化服务，同时鼓励社会力量参与，实现服务内容更新颖、资源匹配更精准，以高品质文化产品和服务供给，推动实现公共文化服务的高质量发展，确保北京的公共文化服务在实现保基本、促公平的基础上，由“基本化、均等化”向“优质化、数字化、智能化、身边化”的高质量迈进。

（一）丰富公共文化服务供给

北京市本着“强调质量为先，着力提供高质量的文化服务供给；强调精准供给，推动优质公共文化服务向基层延伸；强调共享共建，推动公共文化服务社会化发展”的思路，通过实施文化精品工程和文化惠民工程，以“大戏看北京”、书香京城和博物馆之城建设等为抓手，不断推进公共文化设施身边化、服务内容品质化、服务供给方式多元化、公共文化服务智能化。截至2023年3月，北京市共建有市、区两级公共图书馆24个，群众艺术馆、文化馆19个，备案博物馆204个，备案营业性演出场所197个。市、区、街乡、社村四级公共文化设施达到7110个、图书馆室6135个、室外文化广场5616个，基本建成“15分钟公共文化服务圈”。利用大数据、云计算等技术支持，建成公共图书馆“一卡通”服务点424个，市民通过登录市、区两级数字图书馆，可阅读691.5万册电子书、1500种期刊、300余种报纸和1460.3万篇学术论文。市民享用公共文化服务的便捷程度大幅提升。与此同时，北京持续推进国家级文化和科技融合示范基地建设，围绕“文化＋科技”出台专项政策，推动5G、大数据、AR、VR等新技术在文化中的应用，不断打造文化新产品、新体验，科技正在为文化产业迭代装上“加速器”。向全国文化中心迈进的北京，正通过公共文化服务的高质量发展，不断增强市民的文化获得感和幸福感，彰显出自身公共文化服务的特有魅力。

案例：郭守敬纪念馆让运河历史重回视野

郭守敬纪念馆的运营方凭借自身的产品开发能力和市场运营能力，围绕大运河以及郭守敬对北京营城建都城市水系奠基的伟大贡献，通过开放接待、临展巡展、社会教育、学校教育等日常活动以及“守敬讲坛”、“馆长接待日”和“运河书会”等品牌活动，实现了参观人数、开放时长、教育活动数量、活动品质、观众满意度等各项指标的重大突破。新冠疫情期间，运营方通过运用 VR 虚拟展厅，引导公众通过云端进馆参观，参加各品牌活动，辐射面获得了空前拓展，实现了社会效益最大化。经过努力，郭守敬纪念馆现为北京市爱国主义教育基地、大运河博物馆联盟成员单位、北京市“社会大课堂”资源单位、北京市校外教育协会成员单位、西城区新时代文明实践基地、西城区河长制湖长制宣传教育基地，持续助力大运河与中轴线文化传播以及北京博物馆之城与全国文化中心建设。

（二）提高公共文化服务效能

近年来，北京市政府始终遵循“以资源促提升”的理念推进公共文化服务管理体制创新，从“用起来”、“活起来”到“火起来”的演进，初步形成了以“西城模式”为代表的“政府主导、社会参与、专家把关、市场化运作”的文物建筑活化利用模式，最大限度激发文物活力，不断赋予其新的时代内涵。同时，政府发挥主导作用，借助专家优势，以“公益性和文化惠民”为主要内容对项目执行情况进行全过程监管，并聘请第三方进行绩效考核，建立考评机制与退出机制，确保实现以文育城、以文化人，以文促治、以文赋能，以高品质的公共文化服务推动全国文化中心建设，充分展现了大国首都的文化自信与人文气象。

案例：“火起来”的海派弄堂泰安里

2023 年 4 月 3 日开业的新市区泰安里，依据“合起来、活起来、动起来、立起来”理念，定位为文化艺术展示和交流平台，推出“1+1+X”运营模式，融合文化、消费、科技、沉浸式体验等元素，使“百年”海派弄堂成功变身为文化艺术中心，通过市场化运作实现“公益性 + 商业化”的有机结合。由于放宽了对文物建筑活化利用的用途限制，经营形式更加灵活多元、社会关注度和影响力显著扩大。同时，政府通过打造“文物有信用”金融服务模式，为该项目提供低息信用贷款综合授信 1000 万元，实现了以有限资金撬动更大资本投入。自运营以来，新市区泰安里吸引众多年轻人争相打卡体验，逐渐成为南中轴线上一处“火起来”的特色文化空间。

四、增强创新驱动力，绘就文化产业高质量发展北京画卷

中国式现代化离不开文化产业的创新发展，文化产业为人民群众提供优质多样的文化产品和服务，满足人民越来越高质量的精神文化需求；文化产业的发展推动中国经济结构的优化和转型，促进中国式现代化实现高质量发展；文化产业的特色化、专业化、生态化、创新性为激活社会发展活力、解决区域差异、实现共同富裕提供了可能；文化产业也为实现各领域协同、提升国际文化竞争力创造了前所未有的新条件。

（一）提升文化产业发展实力

北京作为全国文化中心，坚持首善标准，发扬首创精神，大力传承发展“四个文化”，做好首都文化这篇大文章，以中国式现代化北京实践的新行动新成果，为实现社会主义现代化作出了巨大的贡献。2023 年 7 月 10 日，北京市“高质量发展调研行”主题采访活动结果显示，北京已连续七年在中国省市文化产业发展综合指数排名中保持第一。根据北京市统计局 2024 年 2 月 1 日发布的数据，2023 年北京规模以上文化企业实现营业收入 20140.1 亿元，同比增长 13.6%。文化产业高质量发展成效显著，已经成为北京的重要支柱性产业。北京立足全国

文化中心，充分发挥文化和科技两大优势，以科技为文化赋能，以文化为城市赋能，绘就了中国式现代化文化产业高质量发展的北京画卷。

2022 年 3 月，北京市文化改革和发展领导小组办公室印发的《北京市“十四五”时期文化产业发展规划》，明确了北京市“十四五”时期文化产业发展的总体思路，站在新起点、面向新时代，围绕首都文化和旅游发展新使命，系统部署了北京市文化和旅游系统的文化产业工作。在文化产业发展领域中，北京市级园区在精品内容生产方面成效显著，七成以上的市级园区由老旧厂房改造而成，越来越多的工业遗存与现代文化产业融合重生，有效助力城市更新。约两成的市级园区以文化科技融合为特色，涌现出中关村软件园、E9 区创新工场等一批具有示范引领作用的优质园区。园区助推优质企业集聚，市级园区的入园文化企业共约 8000 家。园区注重与周边社区发展相结合、与文化事业需要相结合、与市民文化需求相结合，市级园区建设实体书店、图书馆、影剧院、美术馆等多种类型的公共文化空间共 700 余个，成为周边居民的“文化会客厅”。

2016 年起，北京市陆续出台了《关于支持实体书店发展的实施意见》《北京市关于深入推进新时代书香京城建设的实施意见》等多项扶持政策和举措，对实体书店的发展进行保驾护航。2016—2018 年，北京投入约 7000 万元扶持资金，共对 220 多家（次）书店进行扶持。2019 年起，北京市实体书店扶持资金总金额达到每年 1 亿元，4 年来累计扶持约 1000 家（次）实体书店。截至 2022 年底，北京实体书店保有量超过 2000 家，万人拥有书店超过 0.94 个，数量位居全国第一。北京市居民阅读总指数、成年居民综合阅读率、未成年人阅读率、数字阅读接触率四大指标均得到稳步提升，领跑全国。2023 年，北京市人民政府工作报告中再一次强调“深化全民阅读活动，建设书香京城”。作为重要的商业业态和消费空间以及城市形象和文化传播的重要展示窗口，实体书店的经营和发展对“书香京城”的建设起到了重要的推动作用。

近年来，北京市结合首都发展新形势和新要求，大力推进“文化 +”融合发展战略，推动文化与科技、旅游、乡村振兴等深度融合发展，增强文化产业创新驱动力，为中国式现代化赋能。“文化 + 旅游”，以文塑旅、以旅彰文，推动文化和旅游在更广范围、更深层次、更高水平上融合发展，打造独具魅力的中华文化旅游体验。“文化 + 科技”，把先进科技作为文化产业发展的战略支撑，建立健全文化科技融合创新体系。“文化 + 乡村振兴”，充分发挥文化传承功能，全面推进乡村文化振兴，推动乡村成为文明和谐、物心俱丰、美丽宜居的空间。

案例：文旅深度融合促发展

近年来，前门大街等 11 个项目入选国家级夜间文化和旅游消费集聚区，东城、朝阳、延庆、西城、密云 5 个区入选国家文化和旅游消费试点城市。创新举办“北京网红打卡地评选”活动，发布 300 个

正阳门箭楼已完成古建修缮任务，亮出真容（潘之望 摄）

北京网红打卡地。同时大力发展乡村旅游，北京市共有50个村镇入选全国乡村旅游重点村镇名录。北京市多措并举大力推动文化和旅游深度融合，深入挖掘地域文化特色，将文化内容、文化符号、文化故事融入景区景点，做好文化和旅游融合这篇大文章。

（二）深化对外文化交流合作

讲好中国故事，传播好中国声音，展示真实、立体、全面的中国，是加强我国国际传播能力建设的重要任务。北京作为首善之区，是全国文化中心，当以更加坚定的文化自信和高度的文化自觉推动高水平对外开放，为进一步推动

北京冬奥会开幕式（邓伟 摄）

世界文明交流、互鉴、融合，以及不同文化的交流、合作、发展提供智慧和思考，建设世界文明交流互鉴的首要窗口，努力探索文化交流合作的北京模式，讲好北京故事。

党的十八大以来，北京冬奥会、G20峰会等近10场重大主场外交活动在北京举办，平均每年接待50余位来访外国领导人。文化旅游领域的国际交流交往，承载着传播中国声音、展现中国力量、阐述中国价值的重要使命。文化连接世界，艺术沟通心灵。北京通过举办北京国际音乐节、北京国际电影节、北京国际设计周等国际品牌活动，用人类共通的艺术语言，让世界更好地读懂中国。通过一首首原创、一次次首演、一部部巨制，文化艺术资源在北京的汇聚实现了从“集散地”到“孵化器”、从“中国风格”到“中国概念”的双重转型。

第五章

创新机制
全过程人民民主聚民心

2021 年 10 月 13 日至 14 日，党中央召开中央人大工作会议，习近平总书记发表重要讲话，这是党的历史上、人大制度史上的第一次，具有重要里程碑意义。习近平总书记在会议上指出，全过程人民民主是全链条、全方位、全覆盖的民主，是最广泛、最真实、最管用的社会主义民主。发展全过程人民民主，是中国式现代化的本质要求，是全面建设社会主义现代化国家的应有之义，是在推进中国式现代化中充分发挥了人民主体创造精神的体现，是中国式现代化区别于其他现代化道路的民主基因与优势。北京作为首都，是展现人民首创精神、彰显我国制度优势的重要窗口。新时代以来，北京市立足首都实际，创造性地开展立法、监督、协商等工作，推动全过程人民民主在京华大地形成生动实践，为全面建设社会主义现代化国家、推进国家治理体系和治理能力现代化作出了新贡献。

一、发挥人大制度效能，助力首都治理现代化迈上新台阶

在全面建成社会主义现代化强国、以中国式现代化全面推进中华民族伟大复兴的征程上，北京作为首善之区，要一马当先、走在前列，力争率先基本实现社会主义现代化。人民代表大会制度作为实现我国全过程人民民主的重要制度载体，在首都政治实践中，通过不断完善制度建设、丰富实践形式，将制度优势转化为治理效能，为首都率先基本实现现代化提供重要支撑。

（一）建好“四个机关”，服务“四个中心”

人大作为国家权力机关，必须认真落实习近平总书记关于人大及其常委会“四个机关”定位要求，确保中心工作在哪里，人大工作就跟进到哪里。党的十八大以来，北京市人大围绕历史文化名城保护、国际交往语言环境建设、生态涵养区建设等展开立法、修法工作，完善新版北京城市总规贯彻实施所需的法规、跟踪监督总规落实情况；围绕首都改革发展，立法保障“两区”建设、基层治理等重大改革，加快推动国家服务业扩大开放综合示范区和中国（北京）自由贸易试验区建设、接诉即办改革、营商环境优化、科技成果转化等立法；围绕新冠疫情防控制订实施公共卫生专项立法修法计划，围绕污染防治攻坚战

完善大气、水、土壤、危险废物污染防治等法规立法工作等[①]，以法治为首都现代化建设保驾护航。

知识链接："四个机关""四个中心"

习近平总书记在中央人大工作会议上强调："各级人大及其常委会要不断提高政治判断力、政治领悟力、政治执行力，全面加强自身建设，成为自觉坚持中国共产党领导的政治机关、保障人民当家作主的国家权力机关、全面担负宪法法律赋予的各项职责的工作机关、始终同人民群众保持密切联系的代表机关。"

"四个中心"是首都城市战略定位，即全国政治中心、文化中心、国际交往中心、科技创新中心。

（二）健全履职体制机制，彰显人大制度优势

国家治理体系和治理能力现代化离不开法治保障。习近平总书记在中央人大工作会议上指出，要完善党委领导、人大主导、政府依托、各方参与的立法工作格局；发挥好人大及其常委会在立法工作中的主导作用，坚持尊重和体现客观规律，坚持为了人民、依靠人民，坚持严格依照法定权限和法定程序，深入推进科学立法、民主立法、依法立法。为给首都高质量发展提供坚实法治根基，提高立法质量，北京市人大在立法工作机制中建立起"提前介入、专班推进、双组长制"的法规调研起草机制，由人大和政府组建立法专班、由分管市领导担任专班组长，将人大主导作用向法规起草阶段推进，把准立法思路，提

① 《以首善标准做好新时代地方人大工作》，《求是》2022 年第 5 期。

升立法效率，为率先基本实现社会主义现代化贡献法治力量。探索出“四前会商”工作机制，即北京市政府起草部门、北京市司法局、北京市人大常委会有关工作机构和法制办在立项前、初审前、二审前、表决前4个重要节点，分别牵头开展会商，确保最大限度凝聚共识。

知识链接：法规调研起草机制

“提前介入”即人大方面工作力量主动向法规调研起草阶段延伸拓展，加强与起草单位的沟通协商。“专班推进”即在重大立法项目中由北京市人大常委会工作机构、北京市委和市政府组成立法专班，集中推进，联合攻关。“双组长制”即北京市人大常委会和北京市委、市政府分管相关工作的市领导共同担任专班牵头人。2019年起，这一机制成为北京地方立法的重要经验，得到全国人大常委会的肯定，写入《中共中央关于新时代坚持和完善人民代表大会制度、加强和改进人大工作的意见》。

在监督工作中，北京市人大探索出“执法检查报告 + 问题清单 + 督促整改”机制，提出问题清单“四有”的标准，即“有具体点位、有条款对照、有数据支撑、有整改建议”，[①] 让难啃的“骨头”暴露出来，推动解决那些具有共性的问题，确保法规有效实施，保障人民群众利益。

案例：以问题为导向，监督扎实有效

在北京市非机动车、优化营商环境、突发公共卫生事件应急等条例执法检查报告中，都坚持以问题为导向，摆问题、找原因、提建议，

① 《以首善标准做好新时代地方人大工作》，《求是》2022年第5期。

在问题清单中坚持有具体点位、有条款对照、有数据支撑、有整改建议，以解决实际问题为目的督办理、促整改。在非机动车、接诉即办工作等执法检查中，代表们带着调查问卷进家站、问群众，结合一千多场群众“吐槽会”，真真切切地听民意、摸民心、寻对策，将全过程人民民主从立法延伸到了监督工作中。2022 年，在《北京市非机动车管理条例》执法检查中，15413 名代表按照“边检查、边督促、边改进”的思路，对照“一道题目一个点位一组图片”的要求，结合 1159 次家站活动，共提交 39501 份检查单，收集调查问卷 69106 份，通过线上征集群众意见 18737 条①。

① 《市人大常委会开展〈北京市非机动车管理条例〉执法检查》，《北京日报》2022 年 8 月 1 日。

二、坚持围绕中心，切实增强监督刚性

“人民代表大会制度的重要原则和制度设计的基本要求，就是任何国家机关及其工作人员的权力都要受到监督和制约。要更好发挥人大监督在党和国家监督体系中的重要作用。”[①] 北京市人大聚焦党委决策部署和人民群众所思所盼所愿，发挥“利剑”作用，增强监督实效，保障人民权益。“让人民监督权力，让权力在阳光下运行，把权力关进制度的笼子里”[②]。

（一）“四问该不该”，系紧百姓“钱袋子”

一般公共预算收支情况、政府性基金收支情况、国有资本经营预算收支情况……近百个报表、两千多个收支项目、两万余条数据指标，每年北京市人民代表大会审议和批准预算报告时，代表都要审阅上述庞大体量的文件，对非财经领域代表来说，既读不完又看不懂，无形中给审议工作设置了门槛，降低了审议的质量，间接弱化了对政府财政的监督力度。

为推动政府聚焦党委重大决策部署、聚焦人民群众所思所盼所愿来编制预

① 习近平：《在中央人大工作会议上的讲话》，《求是》2021 年第 5 期。

② 习近平：《在庆祝全国人民代表大会成立六十周年大会上的讲话》，《求是》2019 年第 18 期。

决算报告，安排好钱该怎么花、优先花在哪，让人民监督政府财政权力，让代表找准监督发力点，北京市人大创新“四问该不该”与“年审 + 季审”预算审查方式，并在实践中不断总结经验，上升为常态化监督机制。

知识链接：北京市人大创新“四问该不该”“年审 + 季审”预算审查方式

“四问该不该”即预算资金“该不该花、该不该政府花、该不该花这么多、该不该当下花”；“年审 + 季审”是在每年的第四季度，组织各专委会初审下年度部门预算草案，同时在每季度跟踪预算执行情况，从而保障预算与执行的全过程监督。在“四问该不该”的衡量标准下，政府预算项目编制的必要性、精准性大大提升。以 2021 年为例，在 40 个部门预算的初审中，通过“四问该不该”的审视，对其中 94 大类项目提出建议，20 个项目中止申报、22 个项目压缩预算。[①]

一问钱该不该花，关系百姓民生的钱要补足花、推进花。二问钱该不该政府花，要保障财政支出的公共性。三问钱该不该花这么多，看紧老百姓的每一分钱不浪费。四问钱该不该当下花，厘清轻重缓急，推进民生项目。“四问该不该”全方位审视政府预算编制是否合情合理。“年审 + 季审”，从过去的会上审三天到现在会前初审三个月，全过程监督政府财政支出是否节约有效，帮助代表避免因看不懂而淹没在数据表中找不准监督着力点，更好地代表人民监督政府权力运行。[②]

除了全方位与全过程之外，北京市人大还通过建立预算联网监督系统帮助人大代表在云端监督政府预算的编制与执行情况。对政府预算数据进行解读，

---

① 史健：《“刚性”监督镌刻不负人民的时代印记》，《北京人大》2022 年第 6 期。

② 《践行全过程人民民主的脚步永不停歇——十大热词看市人大常委会五年履职》，《北京日报》2023 年 1 月 17 日。

基本建成数据采集全口径、报告展示可视化、资源集成智能化、功能应用一体化的监督平台，方便人大代表随时登录手机 App 查看相关数据，实现了“把数据装进口袋”，保障代表“看得全”“读得懂”“审得细”“审得好”。

“四问该不该”“年审 + 季审”“预算联网监督系统”从全方位、全过程、全链条对政府财政预算开支、国有资产等展开监督，为人民全过程监督政府权力提供了有力支撑。

（二）“代表查三边”，为法律实施“把脉问诊”

法令行则国治，法治兴则国兴。近年来，北京市不断创新监督方式，探索形成“代表查三边”机制，让执法检查这一法定监督方式焕发出新的活力，切实增强了监督的刚性，发挥了“利剑”作用。

2020 年新冠疫情期间，由于组织代表集体开展活动不方便，如何让百姓关心的“两件小事”落到实处？如何精准定位问题、找到对策？特殊情况倒逼北京市人大启动“代表查三边”执法检查，一万余名市、区、乡（镇）三级代表就生活垃圾分类管理和物业管理条例实施情况开展“身边路边周边”调研检查。

案例：万名代表“查三边”

“请各位代表检查本人居住小区（村）的垃圾分类和物业管理情况，以暗访为主，于 20 日前扫码反馈检查单。”[①]2020 年 7 月 17 日下午，收到这样一条通知信息后，北京市一万多名人大代表奔赴北京 16 区 152 个街道、181 个乡镇、5600 多个小区、11300 个公共场所，依托“北京人大代表履职”小程序，结合调研、暗访等检查方式，随时

① 《紧盯“关键小事”北京万名代表下基层》，《北京日报》2020 年 7 月 21 日。

记录检查结果、上传问题照片和点位。从结果汇总到问题交办再到督办整改，此次“查三边”活动有效调动三级人大代表和人民群众的积极性，将宣传普法与监督检查有机融合，有力推动“两件小事”落实。首轮检查汇集12500名代表参与，清晰、准确、客观地收集了垃圾分类中存在的问题。①

（三）专题询问“加辣味”，刚性监督有实效

专题询问是新时代人大工作创新发展的重要突破口，与听取报告、执法检查等方式相比，专题询问更直接、更有针对性，当然也更具“辣味”。

2022年9月22日，北京市十五届人大常委会第四十三次会议结合审议执法检查组关于检查《北京市接诉即办工作条例》实施情况的报告，开展了专题询问并在网上同步直播。针对接诉即办热线打不通、记不全、反馈周期长、派单不精准、推诿扯皮等问题，委员和代表们站在人民角度提出了颇具“辣味”的问题：“很多代表和市民反映12345热线难打、网络平台老年人使用不方便、诉求反映周期长，如何提高热线服务能力，有效解决热线打不通和网络平台使用不方便的问题？”“条例规定了首接负责制，但实施过程中仍存在推诿扯皮现象，首接负责制落实过程中遇到哪些问题？采取了什么措施？”两个多小时的问答，9位常委会委员和1位列席代表围绕调研和检查报告提出14个问题，11个政府部门负责人现场回答提问，市民通过网络直播全程监督。在回答过程中，相关

---

①《听得见民意　摸得着民心——北京市践行全过程人民民主　探索“万名代表下基层”机制纪实》，《北京日报》2022年1月8日。

职能部门负责人坦诚地说：一些承办人员在工作中存在应试思维，未诉先办、源头治理的意识还不强，下一步要加强主动治理、未诉先办，深入推进“每月一题”工作，确保每个月都有进展、见成效。

知识链接：《中华人民共和国各级人民代表大会常务委员会监督法》

《中华人民共和国各级人民代表大会常务委员会监督法》第三十四条规定：“各级人民代表大会常务委员会会议审议议案和有关报告时，本级人民政府或者有关部门、人民法院或者人民检察院应当派有关负责人员到会，听取意见，回答询问。”

“时代是出卷人，我们是答卷人，人民是阅卷人。”“辣味”十足的专题询问，正是市人大及其常委会代表人民为政府发出的一张张关系人民利益、关乎“国之大者”的考卷，专题询问公开、面对面的形式让代表们找真问题、提准问题，让政府职能部门直面短板和病因，现场回应人民关切，反思、提升工作效能。

三、积极建言资政，同心擘画现代化北京新图景

团结奋斗是中国人民创造历史伟业的必由之路。习近平总书记在党的二十大报告中强调：“从现在起，中国共产党的中心任务就是团结带领全国各族人民全面建成社会主义现代化强国、实现第二个百年奋斗目标，以中国式现代化全面推进中华民族伟大复兴。”① 新时代以来，北京市各民主党派、政协委员、北京市政府参事、文史馆员围绕中国式现代化，聚焦首都发展中心任务，发挥参政参事优势，积极建言献策，为首都现代化建设添砖加瓦。

（一）紧扣新时代首都发展出谋划策

投身接诉即办，助力首都社会安全发展。在超大城市治理过程中，需要全社会共同关心、协力参与。近年来民盟北京市委发挥统一战线优势，积极参与接诉即办改革工作，利用大数据优势，协助政府对风险矛盾进行研判，为未诉先办提供重要参考。

① 习近平：《高举中国特色社会主义伟大旗帜　为全面建设社会主义现代化国家而团结奋斗——在中国共产党第二十次全国代表大会上的报告》（2022 年 10 月 16 日），人民出版社 2022 年版，第 21 页。

2021—2022 年，民盟北京市委与北京市政务服务管理局联合撰写年度分析报告，利用大数据优势，针对接诉即办工作难点热点，对大数据背后反映的“七有”“五性”需求展开联合研判，为北京市委、市政府和相关部门科学决策提供重要支撑。同时，民盟北京市委还组织教育、医疗卫生、法律等领域的盟员专家，投身接诉即办接线工作，深入一线了解接诉响应的具体情况，协助党委和政府宣传政策、化解矛盾，助力首都社会大局稳定。

胸怀“国之大者”，推动首都高质量发展。北京市政协紧扣中央决策部署和北京市中心工作，围绕落实首都城市战略定位、中轴线申遗、筹备冬奥、国际科技创新中心建设、“两区”建设、国际消费中心建设、打造引领全球数字经济发展高地等专题，通过政协全体会议、议政性常委会会议、专题协商会、协商座谈会等平台建言资政，向党委和政府积极建言献策，提供高水平建议，有力推动首都高质量发展，委员们的一个个协商成果为市委、市政府的决策提供了有益参考。

进入新时代，无论是老旧小区改造、接诉即办等民生问题，还是推动中小企业高质量发展、国际科创中心建设等事关首都经济社会发展的问题，到处都有政协委员的身影，各类协商会的参与面更广、交流度更深，提案办得更实。

（二）协商机制护航原创“为民服务法”

近年来，北京市政协委员就《北京市城乡规划条例》《北京市物业管理条例》《北京市接诉即办工作条例》《北京市种子条例》《北京市数字经济促进条例》等 10 部重要地方性法规开展了立法协商工作。此外，围绕《北京市生活垃圾管理条例（修正案）》《北京市街道办事处条例》等 6 部法规、北京市政府 2018—2022 年度立法计划、北京市人大常委会五年立法规划项目建议等，北京市政协组织委员多次开展立法协商及意见建议征集工作，委员们提出的立法建议，以北京市政协党组报告形式报送市委后，受到市委的高度重视，多项建议被市人大常委会党组充分吸纳。

在接诉即办的立法、监督工作中，北京市政协充分发挥协商机制作用，调动政协委员积极性，组织政协委员深入街道社区一线，与基层干部和人民群众开展座谈、研讨，了解诉求，听取意见建议，以提案办理方式与主管部门开展协商，为接诉即办改革工作贡献智慧、凝聚共识。

案例：护航“为民服务法”

2019 年，为了将接诉即办工作经验上升为有法可依的法规，用法治保障改革成果，做好《北京市接诉即办工作条例》的立法协商工作，北京市政协首次组织北京市 16 区政协、民主党派市委和市工商联协同开展调研，通过 180 多次调研，会聚了 3500 多人次委员参与，充分联系各界群众，提出的 1400 多条建言经过归纳论证后形成 67 条立法建议提交给市人大，最终有 18 个条文的修改吸纳了这些建议。

协商式监督是政协民主监督的基本形式，坦诚相见、畅所欲言、尊重不同意见表达，是协商式监督的重要原则。为推动“为民服务法”落到实处，北京市政协发挥协商民主优势，积极创新协商形式，促进百姓急难愁盼问题的解决。

2018 年以来，北京市政协提案委、北京市政务服务局联合创办 22 期“市民对话一把手·提案办理面对面”电视直播栏目，来自北京市民政局、北京市交通委、北京市卫健委等的 19 位政府部门“一把手”和 73 位市政协委员以对话协商形式，围绕接诉即办“每月一题”民主监督重点议题开展对话，宣传党政决策部署，促进问题解决。每期节目前，北京市政协委员、各参加单位和专门委员会发挥自身优势，紧紧围绕北京市委、市政府中心工作，聚焦提案集中度和市民关注度高的领域，以群众急难愁盼问题解决落实情况为切入点，开展调查研究，把调研中发现的问题带到直播节目中，与各位部门“一把手”就提案办理面对面展开对话协商。

直播节目自开播以来，始终坚持以人民为中心，聚焦民众关心的普遍热点议题，成为政协委员建言资政与凝聚共识双向发力的重要平台和抓手，形成具有首都特色的提案办理协商形式，成为北京市政协践行全过程人民民主的重要协商品牌。

（三）参政建言贡献专业化力量

建立政府参事制度和设立文史馆是党的统一战线理论运用于国家政权建设的创举，是党和政府尊重知识、尊重人才的体现。参事室、文史馆人才荟萃，为国家建设、改革、发展和文化繁荣作出了不可替代的重要贡献。近年来，北京市政府参事、文史馆员围绕首都经济发展、历史文化名城保护等方面，运用深厚学识和丰富经验，积极参政建言，为首都现代化发展贡献高水平、专业化力量。

2023 年 9 月 14 日，以“科技创新引领京津冀协同发展”为主题的 2023 京津冀协同发展参事座谈会在河北省唐山市举行，由北京市政府参事室会同河北省、天津市政府参事室以及唐山市政府、河北经贸大学共同主办。

近年来，北京市参事室（市文史馆）围绕韧性城市建设、科创中心建设、电动汽车充电设施、平台经济、能源绿色低碳转型、中轴线申遗、京津冀协同、基层治理现代化、城市更新等积极展开调研与课题研究，组织政府参事与市政府相关部门进行座谈交流，为北京高质量发展提出前瞻性、战略性的建议。

四、畅通民意表达渠道，让民心民智有如源头活水来

人民群众中蕴含着丰富的智慧和无限的创造力，中国共产党探索中国式现代化的历程，也是紧紧依靠人民的历程。新时代以来，北京市积极推进基层民主民意表达平台建设，通过基层联系平台征求、收集、反馈人民群众的建议，将人民群众的意见和智慧纳入政策制定和实施过程中，极大提升了立法与决策的民主性和科学性，为首都现代化发展注入无穷智慧。

（一）代表家站全覆盖，与群众零距离沟通

代表去哪里和群众联系？如何保障联系活动的频次？如何提升联系活动的质量？这些问题都给闭会期间的代表履职、履职平台的规范建设等提出了新的要求。

为进一步丰富人大代表联系人民群众的内容和形式，推动解决市民群众所思所盼的问题，2019 年 11 月 14 日，北京市十五届人大常委会第三十七次主任会议讨论通过了《北京市人大常委会关于进一步加强人大代表之家、人大代表联络站建设和工作的指导意见》，家站建设进入快车道。截至 2024 年 2 月，北

京市共设立代表之家345个，设立代表联络站2590个[①]，基本实现了北京市行政区域的全覆盖。代表家站的建立，在时间和空间上都扩展了代表联系群众的广度和深度，让群众能够“找得到人、说得上话、议得成事”，进一步畅通了民意表达渠道。

在代表之家，各个街道选区的人大代表一改往日“开会时才见面，开会前才集中收集群众呼声”的老模式，定期轮流值班“在家”听取选民群众呼声，不仅拉近了代表与选民的距离，而且随时收集选民问题、解决问题、形成建议案。“家站”像一个枢纽把上下的意见结合起来，给群众的意见表达和沟通提供了渠道，起到了下情上达、开阀减压、促进和谐的作用，延伸了人大制度的触角，打通了基层民主和首都社会治理现代化的“最后一公里”。

案例：代表联络站助力“小哥驿站”

为了解决外卖骑手小哥停车分拣难、进门休息难等问题，朝阳区第十届人大代表，华贸集团总裁办、党委办主任夏艳艳与同事通过实地调研，向华贸集团提出了建设小哥驿站的方案并得到集团领导的同意。在朝阳区人大、朝阳区政府、八里庄街道的支持下，仅用一个月就建成了小哥驿站。除此之外，还将代表联络站建在了华贸集团的写字楼里，商户、消费者以及周边居民无论是午休、休闲还是消费娱乐时，有问题都能找到代表。联络站所在的党建阵地“悦空间”成了CBD的热闹地，为商圈进一步释放消费潜力灌入了新的智慧。

① 数据来源：李秀领在北京市第十六届人民代表大会第二次会议上作的《北京市人民代表大会常务委员会工作报告》。

（二）基层飞出“金点子”，解决立法“金钥匙”

随着当前法治中国建设的全面推进和人民城市理念的全面发展，如何让人民群众更多地参与到立法工作中，成为全过程人民民主实践的一项重要举措，基层立法联系点正是在这样的背景下应运而生的。2021 年 5 月、2023 年 5 月北京市人大常委会着眼政治性、政策性、专业性、实践性等原则，分两批确定了 20 个单位作为市人大常委会基层立法联系点。

基层立法联系点的最大优势是贴近人民群众，了解人民所思所念，同时这里面临的问题也最直接、最复杂，因此对如何运用法治思维和法治方式来解决社会治理问题更有发言权。从地域和功能上来看，这两批联系点充分体现地域均衡性，向人口多、诉求多的城区倾斜，同时兼顾专业性，力争回应各方诉求，架起了一座座立法工作密切联系人民群众的“连心桥”，画出了一圈圈人民群众参与民主法治建设的“同心圆”。这样，立法联系点与代表家站相结合，将了解社情民意的“毛细血管”广布乡镇街道、学校社区、企事业单位、社会组织等各个角落，把基层群众“原汁原味”的声音通畅地传递到立法机关。

案例：立法点里听民意

“以前一直觉得立法是法律专家、大学教授、领导干部的事情，没想到竟跟我这个当了一辈子工人的胡同大妈扯上了关系。”聊到自己的“土点子”最终变成法条，家住东城区东四七条的马池兰大姐开心得像个孩子，“这两年人大代表带着法规草案来家站征求意见的频率越来越高，我除了自己经常参加，还发动亲朋好友、街坊四邻一起给人大工作

‘支招儿’。”①

以2021年接诉即办工作条例的制定为例，草案一审之后，征求意见的座谈会马上就在各立法联系点迅速召开。如何快速响应？如何上下联动？如何精准派单？参加座谈的市民们针对基层立法联系点发现的各种矛盾和问题提出了很多对策建议，对于立法工作可谓非常宝贵。然而这并不意味着结束，人大同志们带着这些建议回去，在草案三审之前又带着反馈再次来到联系点，向市民们介绍建议吸纳的情况、审议的最新进展，再请群众帮忙出谋划策，提“金点子”。“我们的建议真的被写进法条了！”正是立法点的及时正向反馈，让群众更加有热情，积极主动地为立法工作支招儿，让接诉即办工作条例这部“为民服务法”真正源自人民、为了人民。

条例通过以后，立法机关的工作人员和市区人大代表们再次走进各立法联系点，请市民群众们对这部“为民服务法”的落实情况畅所欲言、评价打分。从意见征求到审议修改再到监督检查，小小的立法联系点汇集了人民群众、基层执法机构、专家学者对于北京城市管理等方面的智慧，让老百姓真真正正地参与了这部首都原创“为民服务法”的全过程，充分展现了全链条、全方位、全覆盖的民主的优势，为中国特色社会主义法律体系大厦的建设增砖添瓦。

① 史健、王萍：《用代表“家站”小平台书写全过程人民民主大文章》，中国人大网，http://www.npc.gov.cn/npc/c2/kgfb/202208/t20220809_318829.html。

（三）“万名代表下基层”，全民参与修条例

不断拓展人民群众知情知政的渠道，开辟人民群众积极参与的途径，丰富人民群众表达意见建议的方式，是践行全过程人民民主的重要实践途径。在立法实践中，北京市人大探索出“万名代表下基层”机制，并在监督检查中不断拓展这一机制，成为各级人大之间同频共振、人大与政府紧密对接、常委会与代表密切联系、代表同群众零距离沟通的重要机制，是北京践行全过程人民民主的一张“金名片”。

案例：开门立法凝聚民心　脚沾泥土绘就民意

修订《北京市生活垃圾管理条例》是以法治力量推动超大城市治理现代化的重要举措，2019 年 8 月，时任北京市委书记的蔡奇同志等 27 名市级领导带头，以人大代表身份到街道社区听取群众对条例修订、垃圾分类的意见建议，介绍条例修订工作，一同分析解决垃圾分类面临的具体问题。此后一个月内，12257 名人大代表带着宣讲提纲回到所在选区，走进代表家站，向市民、社区工作者、物业管理人员、环卫工作者宣传讲解生活垃圾条例拟修订的主要内容，零距离听取群众的意见建议，有效地将意见征求和条例起草工作相互衔接、同步推进，便于更早地倾听民声、吸纳民意、汇集民智，有效地提升了立法工作的科学性和民主性。

2020 年 5 月，为了推动《北京市生活垃圾管理条例》和《北京市物业管理条例》的有效落实，北京市人大常委会联合区人大再次开展“万名代表下基层　垃圾分类带头干”活动，点对点发动市区乡镇三级人大代表对身边、路边、周边的公共机构或场所进行检查；对社

区乡村和农贸市场、商超饭店、物业、快递物流等企业进行实地调研，与专家学者、媒体记者进行座谈交流，听取各方面意见；同时，听取政府部门报告法规实施情况。近 4 万人次代表参与、超 50% 小区和 80% 乡村的覆盖规模，代表们通过履职平台上传的点位和问题，为北京市垃圾分类的执行情况收集了前所未有的样本数据，共向市人大常委会反馈问题线索 1.2 万条。2020 年 11 月，北京市第十五届人大常委会会议审议了执法检查报告，形成六大方面的意见交市政府办理，为推动法规落实、破解分类难题提供了扎实的基础。

三级代表广泛参与的“深入基层查三边”极大地激发了全北京参与生活垃圾分类的热情，一方面是市民、企业、社区乡村积极融入，为条例的落实贡献了智慧；另一方面是代表主动“送法上门”，为条例落实凝聚了广泛共识。作为立法工作的有效延伸，“送法上门”是打通立法、执法与监督的关键一环，《北京市接诉即办工作条例》实施后，围绕条例如何落实的问题，市民、餐饮从业者、可再生资源回收者、志愿者等有着强烈的学法需求，代表们进入街道、社区履行监督检查职责的同时，也向群众宣传条例制定的理念和内容。

2021 年、2022 年，市区人大就接诉即办、城市更新、节水等立法工作多次组织“万名代表下基层”活动，经过几年的探索实践，这一做法逐渐完善并上升为贯通各方面工作的长效机制。随着基层立法联系点建设的日臻完善，全过程人民民主的北京画卷上呈现出代表家站、基层立法联系点与“万名代表下基层”双向奔赴、点面结合共同吸纳民意民智的动人画面，不断增强着首善之区现代化的民主程度，让全过程人民民主绽放出更加动人的首善之光。

第六章

开拓进取 首善之区良法善治

法治建设是中国式现代化的本质要求和重要保障，是国家治理体系和治理能力现代化的必由之路，法治为中国式现代化建设筑牢公平正义的价值导向和制度供给。党的十八大以来，北京市认真贯彻落实以习近平同志为核心的党中央关于全面推进依法治国的重大决策和战略部署，大力弘扬社会主义法治精神，以首善标准推动法治建设，法治中国首善之区建设迈出坚实步伐，为筑牢中国式现代化的法治根基贡献了首都智慧和力量。

一、加强首都特色立法，开辟良法善治新境界

立法是推动社会治理现代化的必要途径，为社会治理现代化实践提供科学指导。建设具有首都特色的地方性法规规章制度体系是建设法治中国首善之区的重要前提。北京市以高质量立法推动首都治理现代化，通过加强党对立法工作的全面领导、推动社会主义核心价值观融入地方立法、以民生立法积极回应人民群众切身需求、以特色立法护航首都高质量发展，向着良法善治的新境界不断迈进。

（一）加强党的领导，完善地方立法格局

2021 年，中共北京市委制定出台《北京市全面依法治市规划（2021—2025年）》，其中明确提出要加强党对立法工作的全面领导，完善党委领导、人大主导、政府依托、各方参与的地方立法工作格局；严格执行请示报告制度，立法工作中的重大问题、重要事项、重要情况，都应及时向市委请示报告。坚持党对立法工作的领导，是立法工作必须遵循的最高政治原则，也是做好立法工作的根本保证。

在北京市人大及其常委会的立法实践中，北京市委的领导作用不断加强。

法规起草审议中的重大情况、重要分歧、重点条款都及时以市人大常委会党组名义向市委汇报，重要紧急立法项目都由市委先行决策统筹再交市人大常委会主导起草。[①]如《北京市物业管理条例》《北京市医院安全秩序管理规定》《北京市反食品浪费规定》等法规，都是由市委直接交付市人大常委会牵头有关部门调研起草，有效凝聚了各方面参与立法的向心力。在《北京市突发公共卫生事件应急条例》的立法过程中，市委主要领导多次召开专题会逐条研究重要条款，使党的主张通过法定程序成为国家意志。

（二）社会主义核心价值观入法，为首善之区建设培根铸魂

党的二十大报告指出，要坚持依法治国和以德治国相结合，把社会主义核心价值观融入法治建设、融入社会发展、融入日常生活。北京市人大及其常委会深入学习贯彻落实党的二十大精神，以习近平新时代中国特色社会主义思想为指导，坚持党的领导、坚持价值引领、坚持立法为民、坚持问题导向、坚持统筹推进，着力推动社会主义核心价值观融入地方立法，以高质量立法保障社会主义核心价值观在京华大地形成生动实践。

《北京市文明行为促进条例》是通过立法践行社会主义核心价值观的典型代表。该条例第二条规定："本条例所称文明行为，是指以社会主义核心价值观为引领，恪守社会主义道德，维护公序良俗，尊重他人合法权利和自由，体现社会进步的行为。"条例规定了多个方面的文明行为规范，例如：在维护公共卫生方面，要维护公共场所干净、整洁；在维护公共场所秩序方面，应言行举止得体，不大声喧哗；在维护交通安全秩序方面，应按照道路标志、标线、交通信

---

① 北京市人大常委会法制办公室：《学习贯彻中央人大工作会议精神　进一步提高新时代地方立法工作质量》，《人大理论与实践》2022年第1期。

号灯指示通行等。同时，也明确规定了针对各种不文明行为的治理措施，并对一些严重的不文明行为规定了相应的法律责任。

此外，北京市人大及其常委会制定了《北京市反食品浪费规定》，将勤俭节约上升为法律规范；修订《北京市志愿服务促进条例》，明确要求培育和践行社会主义核心价值观，促进社会文明进步；制定《北京市无障碍环境建设条例》，规定政府及有关部门应当弘扬社会主义核心价值观，坚持社会成员平等、参与、共享的文明理念，在全社会营造理解、尊重、关心和帮助残疾人、老年人等社会成员的良好氛围……这一系列立法举措，为法治中国首善之区建设注入了灵魂，使社会主义核心价值观通过规范公民的行为入脑入心，为培育文明、和谐、幸福、有序的社会秩序提供了精神指引。

（三）站稳人民立场，民生立法解决群众“急难愁盼”问题

“群众利益无小事”，在良法善治理念引领下，北京市以民主立法加强和改善民生，让法治成果真正惠及广大人民群众。例如，制定《北京市接诉即办工作条例》时，在北京市人大常委会统一部署下，11377 名各级人大代表深入到 306 个代表之家、2184 个代表联络站及社区、村镇，通过实地调研、宣讲、座谈等形式，听取并征求了 66915 名市民的意见建议，其中很多意见建议都在法规中得到了体现。也正是得益于上述机制，《北京市接诉即办工作条例》建立了“一套体系、一号响应、一单到底、一把尺子、一组机制”，以 12345 市民热线反映问题整改反馈为抓手，聚焦社会治安、交通拥堵、校园安全、医院秩序等群众关心的热点难点问题，以全面接诉、不“踢皮球”，彰显人民至上的鲜明立场；以接诉即办、限时办结，及时回应人民群众急难愁盼问题；以“未诉先办”、主动治理，引导公众积极参与社会治理和公共政策制定，切实把“人民城市人民建，人民城市为人民”的思想理念落到实处。

类似地，为解决老旧小区物业失管、业主大会和业委会成立率低等物业管理突出问题，北京市出台了《北京市物业管理条例》，这一条例针对物业管理领域长期存在的突出问题创新制度设计，坚持把党建引领贯穿到物业管理之中，将物业管理纳入社区治理体系，对维护广大业主和物业服务企业合法权益、构建超大城市基层治理体系意义重大。据统计，在《北京市物业管理条例》实施不到两年的时间内，北京市业委会（物管会）组建率从12%增加到96.9%，物业服务覆盖率由64%增加至96%，党的组织覆盖率由25%增加到99%，夯实了党建引领物业管理的工作基础。[①]此外，通过制定《北京市非机动车管理条例》规范非机动车管理，明确小区电动车充电桩可以建雨棚，减少下雨和高温暴晒给电池带来的安全隐患，城区内要增加充、换电设施，发动大家“随手拍”，加大监督检查力度；制定《北京市城市更新条例》将老旧小区加装电梯工作纳入法治轨道，明确规定要利用小区空闲空间解决停车位紧缺问题，将楼道里乱拉的“飞线”纳入消防重点整顿项目……一系列的民生立法，充分反映了人民群众的意志，注重维护人民群众利益，解民忧、纾民怨、惠民生，让法治的阳光照亮人民群众的生活。

（四）紧扣首都城市战略定位，以特色立法护航首都高质量发展

北京市围绕全国政治中心、文化中心、国际交往中心、科技创新中心“四个中心”功能建设等重点任务，充分发挥法治固根本、稳预期、利长远作用，全力护航首都高质量发展。

① 闫闻：《持之以恒抓好两个“关键小事” 严格落实条例法定要求》，《北京人大》2022年第12期。

紧扣“政治中心”定位，加强首都功能核心区安全防范，将首都规划、建设、治理、安全等工作全面纳入法治化轨道；出台《生态涵养区生态保护和绿色发展条例》，在全国范围内率先开展省级重点生态功能区域综合性立法，建立多元化生态保护补偿机制。紧扣“文化中心”定位，突出老城整体保护，制定《北京历史文化名城保护条例》，鼓励保护对象活化利用、有序开放；助力北京中轴线申遗，制定出台《北京中轴线文化遗产保护条例》，全面提升文化遗产保护与利用水平。紧扣“国际交往中心”定位，制定《国际交往语言环境建设条例》，助力国际交往中心建设加速。紧扣“科技创新中心”定位，制定《北京市促进科技成果转化条例》《北京市知识产权保护条例》《北京国际科技创新中心建设条例》，为新业态健康发展提供有力法治保障。

人民大会堂

二、坚持依法行政，构建政府治理现代化体系

政府依法行政的能力水平，是影响国家治理体系和治理能力现代化的关键因素。党的十八大以来，北京市全面推进法治政府建设，为首都现代化进程提供了有力的法治保障。

（一）以示范创建为抓手，扎实推进法治政府建设

在全国法治政府示范创建活动的带动下，北京市法治政府建设不断迈上新台阶。2019 年，我国启动了法治政府建设示范创建活动，用统一的指标体系，从法治思维、全面履职、严格执法、治理效果等九个方面对区县级政府进行测评，至今已开展了两届。在全国评比中，北京市先后有 6 个区和 6 个项目脱颖而出，分别被命名为全国法治政府建设示范地区和示范项目，成为全国命名数量最多的省市之一，也是命名数量最多的直辖市，彰显了首都法治政府建设的成效。

亮眼成绩的背后，是在北京市委、市政府领导下，北京市各级政府和部门的不懈努力。在法治政府建设中，北京市以不断更新的《法治政府建设实施方案》加强顶层设计，以法治政府建设报告评查机制为北京市法治政府建设整体

状况精准“把脉”，以常态化的领导干部“会前学法”有效提升各级领导干部的法治思维和依法行政能力，以《市政府重大决策出台前向市人大常委会报告工作办法》《北京市人民政府办公厅关于全面推行行政规范性文件合法性审核机制的实施意见》等制度明确重大决策和“红头文件”程序规范，切实增强各级政府决策的科学化、民主化、法治化水平。

忆往昔，北京始终走在法治政府建设的最前列，以其永不停歇的机制创新和不断涌现的先进做法，成为全国法治政府建设领域最重要的开拓者之一：北京首创了“通用责任清单 + 专项责任清单”的政府责任清单管理模式，用一张张清单更加精准地界定政府职责，为权力打下一座座“界碑”；率先建立统一的行政执法信息服务平台，让北京市的执法数据“开口说话”，用大数据为各级政府部门打分，确保政府权力始终运行在法治轨道上；政务公开工作在全国持续“领跑”，政府透明度指数稳居前列，多次位列第一名。北京市各区政府也在积极创新：密云区探索用一支队伍管好密云水库，用法治护航生态文明建设；顺义区依托两级行政调解组织和区级行政争议化解中心，引领行政调解迈入快车道；石景山区建立监管和信用平台，实现了预付式消费的“闭环”监管……近年来进步的点点滴滴，沉淀出上百项成熟的机制和做法，成为北京参加全国评比的殷实“家底”。看今朝，面对新形势、新任务提出的更高要求，北京市将进一步坚持探索创新，完善制度机制，努力建设人民满意的法治政府，为新时代首都发展、推进首都治理体系和治理能力现代化提供更加坚实有力的法治保障。

（二）加快推进数字政府建设，提升政务服务水平

以智慧政务加速政府职能转变，服务首都经济社会高质量发展，是北京法治建设的独特亮色。根据清华大学数据治理研究中心发布的《2022 中国数字政

府发展指数报告》，北京已处于国内数字政府建设第一梯队，治理能力全国排名第一。

在北京，找政府办事正变得越来越方便。背后的原因，除了政府职能的持续转变、规章政策的不断完善，更少不了智慧政务这个“加速器”——北京市在设立市政务服务中心、推行“一站式”服务的基础上，制定了《数字政务建设行动方案》，建成了网上政务服务体系。目前，北京已经实现市区两级98%以上政务服务事项“全程网办”[①]，“一网通办”更让办事材料、办事时长双双减少了七成多。为进一步降低“网办”“通办”的难度，北京还创造了即时的、交互式的“边聊边办”导办服务，上线8个月就惠及7.4万企业群众。[②]北京市总结相关经验后编写的《北京市政务服务领域区块链应用创新蓝皮书（第一版）》，开全国之先河，蓝皮书中的空港国际物流区块链平台、基于区块链的电子证照多端应用等项目，具有极高的推广价值，引起了很大反响。2020年，北京市依托现有数字政务体系，率先落实中央决策部署，全面建立和实施了政务服务“好差评”制度，企业、群众年累计评价1900余万次，好评率保持在高水平。2021年以来，北京市坚持抓好《政务服务领先行动计划》落实，持续推动接诉即办、“放管服”等各项改革，充分发挥首都人才和技术优势，打造全国数字政务服务发展高地。

在2023年底发布的《关于北京市全面优化营商环境打造“北京服务”的意见》中，北京市委、市政府明确，要坚持改革引领、数字赋能，以数字化改革助力政府职能转变，着力破解一批体制机制障碍，推动政府服务流程和治理模式系统性变革，构建数字化、智能化的政府运行新形态，提升政府治理能力现代化水平，为首都营商环境和民生福祉的进一步提升提供强劲动能。一方面，

① 耿子叶：《北京将统一交通、京办、京管服务入口，推进“一网通办”见实效》，新京报客户端，https://m.bjnews.com.cn/detail/170202150812 9244.html。

② 任珊：《北京：政务服务智能化让群众办事更便捷》，《北京日报》2022年11月7日。

以数字化、智慧化改革为牵引，打造人民满意的“北京效率”，数字政务提质增效，全面提升政务服务数字化、智能化水平；另一方面，借助数字政务、智慧法治，打造暖心高效的政务服务环境和智慧便捷的数字社会环境，为世界数字文明发展贡献“北京方案”。

（三）深化基层行政执法改革，探索超大城市治理的法治路径

习近平总书记指出，基层是党的执政之基、力量之源。基层是社会的细胞，是国家治理的基石，基础不牢，地动山摇。基层行政执法，是基层社会治理的重要抓手。如何在党的领导下开展基层行政执法，是关乎国家治理体系和治理能力现代化的重要课题。

党的十八大以来，北京市按照中央部署，以党建引领为抓手，坚持以人民为中心，围绕赋权、下沉、增效，对基层行政执法体制机制进行了一系列大刀阔斧、卓有成效的改革，以法治方式推动超大城市治理，有效提升了基层治理水平。

一是推进“吹哨报到”和接诉即办改革，创新基层联合执法机制。2017 年 1 月，为根治金矿盗采多年屡禁不止难题，平谷区在金海湖镇专项行动中首创“乡镇吹哨、部门报到”党建引领工作机制，赋予乡镇党委执法主导权，要求在乡镇提出工作需求、发出集结号令后，部门在 30 分钟内到一线报到，在乡镇指挥下开展联合执法，做到“事不完、人不走”，彻底遏制了盗挖盗采等违法行为。[①]

① 任珊：《“吹哨报到”打通服务群众“最后一公里” 市民的诉求就是哨声》，《北京晚报》2021 年 12 月 20 日。

北京市把这一探索总结提升为党建引领“街乡吹哨、部门报到”改革，从2018年初开始逐步在全市试点推广。“街乡吹哨”的重点是强化街乡党（工）委在基层治理中的领导作用，向街乡赋权明责。根据“职责法定”原则，北京市明确街乡的职能定位是强化党的领导，统筹协调属地工作，[①] 并向街乡下放了“七权”，[②] 细化街乡责任清单。通过上述举措，突出街乡抓党建、抓治理、抓服务的主责主业，使其吹哨有职、有权、有依据。“部门报到”的重点在于下沉和聚合执法力量。在街乡建立实体化基层综合执法中心，区属职能部门派精兵强将下沉执法中心，在街乡党（工）委领导下，实行统一指挥调度、统一执法部署、统一信息共享，使部门报到有平台、有机制、有资源。“吹哨报到”机制理顺了条块关系，推动了依法行政，释放了执法效能，确保问题“发现在一线、解决在一线”，实现了“管得着的看得见，看得见的管得好”，切实增强了群众的获得感、幸福感、安全感。[③]

案例：多部门“抱团”执法　提升什刹海景区环境秩序

2017—2018年，西城区什刹海街道成立了综合行政执法中心，由什刹海街道党工委牵头，公安、环保、城管等23支执法力量为成员单位。通过“吹哨报到”机制，街道统一指挥调度、统筹协调各执法

---

① 吴松元：《街道职责清单：“吹哨报到”的试点基础》，《前线》2018年第8期。

② “七权”：参与辖区有关设施的规划编制、建设和验收，对涉及辖区的北京市性、全区性重大事项和重大决策提出意见和建议，指挥调度区人民政府工作部门开展联合执法，对区人民政府工作部门派出机构的工作考核和人事任免提出意见和建议，对涉及多个部门协同解决的综合性事项进行统筹协调和考核督办，统筹管理和安排下沉人员、资金，统筹协管员日常管理。

③ 孙进军、赵丹阳：《党建引领基层治理的新探索——北京市创新推进“街乡吹哨、部门报到”工作纪实》，《党建》2018年第12期；金国坤：《基层行政执法体制改革与〈行政处罚法〉的修改》，《行政法学研究》2020年第2期；董城、张景华、刘逸飞：《“吹哨报到”：看北京如何深化党建引领社会治理》，《光明日报》2019年5月19日。

力量，变过去的分散式执法为“抱团”执法。三声哨响，解决了酒吧占道经营、违法建设、噪声扰民、黑车黑导游等困扰什刹海景区周边居民多年的痼疾顽症，打通了环湖步道七大堵点，什刹海地区变得安静了、畅通了、宜居了。①

什刹海街道对景区环境乱象进行不间断整治（方非 摄）

2019年开始，北京市推动“吹哨报到”向接诉即办延伸，建立以12345市民服务热线及其网络平台为主渠道，对群众诉求给予快速响应、高效办理、及

① 张骜：《什刹海安静了畅通了更美了》，《北京晚报》2018年5月18日；朱竞若、贺勇、王昊男：《北京探索建立“街乡吹哨、部门报到”机制 在16个区169个街乡进行试点，破解基层治理难题》，《人民日报》2018年12月10日。

时反馈的为民服务机制。坚持问题导向，以市民诉求为“哨源”，以“依法履职，及时办理”为基本要求，以响应率、解决率、满意率为检验标准，形成上下联动、全员响应的为民服务长效机制，提高了“吹哨”的准确率，强化了“报到”效能。2021 年以来，北京市围绕群众反映量大的高频共性难点问题，以“每月一题”为抓手，推动接诉即办改革向未诉先办、主动治理深化，促使执法部门变“被动”为“主动”，依法全面履职，提升源头治理能力，将矛盾化解在初始萌芽状态。2023 年，全市诉求解决率、群众满意率分别达到 95.5% 和 96.1%，居民对基层治理问题的诉求，提升了居民的生活品质和幸福感[①]。

二是突破现行行政执法体制，推进行政执法权限向基层延伸，实行跨领域跨部门综合执法。2019 年 11 月，北京市制定《北京市街道办事处条例》，规定街道办事处依法行使与居民生活密切相关且能够有效承接的行政执法权。2020 年 4 月，北京市将原来由城管执法、生态环境、卫生健康等部门行使的 431 项权限，下放至街道办事处和乡镇人民政府。

自 2020 年 7 月开始，北京市对基层执法体制作出重大调整，在街乡成立综合行政执法队，以街道办事处、乡镇人民政府名义开展执法工作，行使上述与居民生活密切相关且能够有效承接的行政执法权。上述举措，推进行政执法权限向基层延伸，推动基层领域跨部门执法职能综合、机构整合、力量融合，实现了基层执法由联合执法向综合执法的转型，[②] 基层有了执法权，大大缩减了执法流程，提高了执法效率。

---

① 王明浩、涂铭、乌梦达、王君璐：《接诉即办，创新超大城市治理“北京方案”》，《新华每日电讯》2022 年 12 月 18 日；殷勇：《政府工作报告》，《北京日报》2024 年 1 月 29 日。

② 宋刚、刘志、黄玉冰：《以大数据建设引领综合执法改革，创新橄榄型城市治理模式，形成市域社会治理现代化的“北京实践”》，《办公自动化》2020 年第 5 期。

三、深化改革，加强监督，建设公正高效权威司法

公平正义的司法实践能够集中体现出中国式法治现代化的水平，展现出中国式现代化进程中的司法担当，为推进中国式现代化提供有力司法服务。司法是首都法治建设中的重要内容，也是中国式现代化首都篇章的重要内容。北京市不断推进建设公正高效权威的司法，取得了一系列具有标志性的司法改革成果，努力让首都人民群众在每一个司法案件中感受到公平正义。

（一）全面深化司法改革，优化司法效能

北京市全面深化司法改革、优化司法效能的重要举措之一是先后设立了北京知识产权法院、北京互联网法院和北京金融法院，这是首都司法领域全面深化改革的重大事件。

2014 年 11 月，北京知识产权法院作为全国首家知识产权审判专业机构挂牌成立，跨区集中管辖原由北京市各中级人民法院管辖的知识产权民事和行政案件。截至 2022 年 11 月，建院 8 年来，该院围绕国际科技创新中心建设，不断依法强化对关键核心技术、重点领域、新兴产业的知识产权保护，共受理各类知识产权案件超过 15 万件，在全国知识产权法院中，收案数量最多、专属管辖

和集中管辖类型最全，收案量年均增长达20%，充分发挥了知识产权审判激励自主创新、维护公平竞争秩序、优化营商环境的作用，有效服务保障首都高质量发展。①

2018年9月，为全面发挥首都司法在维护网络安全、推动互联网经济社会创新发展、构建良好的互联网生态中的作用，北京互联网法院挂牌成立，这是北京司法机关主动适应网络时代大趋势的一项重要举措。自成立以来，该院依托集中管辖特定类型互联网案件的管辖优势，充分发挥确立规则、完善制度、数字治理的引领作用，为大局服务，为人民司法，推进网络空间治理法治化，打造了具有世界影响力的互联网司法平台，有力促进了网络强国战略实施和网络空间治理。②

2021年3月，为服务保障国家金融战略实施，营造良好的金融法治环境，促进首都经济健康发展，北京金融法院正式成立。该院结合首都区域功能定位和特点，对北京金融案件进行集中管辖。成立两年多以来，该院坚持服务实体经济、服务金融市场发展、守住风险底线、依法保护金融消费者和中小投资者等理念，扎实推进依法审判工作，充分发挥金融审判职能，妥善审理了一批具有前沿性、典型性和广泛社会影响力的案件，创设了一批具有示范价值的审判规则。③

---

① 郭京霞、赵岩:《全国首家知识产权法院在京成立》,《人民法院报》2014年11月7日；寇昉:《北京市高级人民法院工作报告》,《北京日报》2023年2月2日；徐慧瑶:《北京知产法院八年受理案件超15万件》,《北京日报》2022年11月7日。

② 寇昉:《北京市高级人民法院工作报告》,《北京日报》2023年2月2日；王梦遥:《北京互联网法院挂牌成立》,《新京报》2018年9月10日。

③ 北京金融法院:《北京金融法院成立两年受理案件超1.5万件　公布2022年度十大典型案件》，证券时报网，http://www.stcn.com/article/detail/823642.html。

（二）严格落实司法责任制，健全审判权力运行机制

司法责任制是深化司法体制综合配套改革、推进审判体系和审判能力现代化的重要措施，也是全面深化司法体制改革的“牛鼻子”。

北京市检察院系统、法院系统严格落实司法责任制，着力解决行政化办案模式导致司法责任分散、虚化和难以落实的问题。

一是凸显司法人员的主体地位。在检察院系统，建立由主任检察官负责的专业化办案组织；在法院系统，实行独任法官、合议庭办案责任制。改变层层审批的管理模式，充分尊重检察官、法官、合议庭的办案主体地位，保障其依法行使职权。

二是落实领导干部办案制度。在检察院系统，将所有入额检察官领导干部编入办案组，带头办理重大疑难复杂案件；在法院系统，明确院庭长办案方式和数量，实行定期督察。

三是确立司法人员权责清单。厘清检察人员、审判人员的权力和责任界限，细化权力行使规则，切实做到“谁办案、谁负责”。完善发现和纠正问题的制约监督机制，严格执行办案质量终身负责制和错案责任倒查问责制，做到有权必有责、用权受监督，强化办案质量终身负责和错案责任倒查问责。①

以上举措，夯实了司法公正的制度基础，审判质效不断提高，人民群众的获得感显著提升。

---

① 寇昉：《北京市高级人民法院工作报告》，《北京日报》2023 年 2 月 2 日；朱雅频：《北京市人民检察院工作报告》，《北京日报》2023 年 2 月 3 日；郭京霞、赵岩：《北京落实司法责任制　提升办案规范化》，《人民法院报》2018 年 3 月 14 日。

（三）司法机关深度参与源头治理，关口前移推动基层矛盾纠纷解决

源头治理是能动司法、推行预防性法律制度的重要举措，是新时代“枫桥经验”的生动实践，对有效消解社会矛盾纠纷、减少“讼累”、减少诉讼案件、维护社会平安稳定意义重大。

北京市检察院系统打造首都检察版接诉即办，深入推动溯源治理。北京市检察院通过与市政务服务管理局及相关单位建立合作机制，主动对接首都接诉即办法治要求，建立“检察＋热线”合作机制，强化信息共享、诉求共办与决策共商。创新“大数据＋检察监督”模式，聚焦群众反映的执法司法高频投诉问题，开展个案办理、专项监督和类案办理，做优接诉即办、做好未诉先办、做实主动治理，充分发挥检察机关在基层社会治理中的结构性要素作用，推动社会治理标本兼治、系统施治，实现溯源治理，为首都经济社会高质量发展贡献检察力量，不断提升人民群众获得感。例如，北京市人民检察院制定《关于开展轻罪治理体系建设的实施方案》，针对“超市盗”等高发轻罪案件，通过规范执法标准、加强调研注重总结、制发检察建议强化刚性监督、整合多方力量、强化综合治理、大数据赋能等一系列工作，打通“个案办理—类案监督—系统治理”路径，加强溯源治理、系统治理，使“超市盗”案件呈现明显下降趋势。①

北京市法院系统坚持和发扬新时代“枫桥经验”，构建全方位多元调解体系，建立“多元调解＋速裁”诉源治理新机制，推动纠纷解决模式系统性重塑，

---

① 黄洁、张雪泓：《为法治中国首善之区建设提供更有力保障——访北京市人民检察院检察长朱雅频代表》，《法治日报》2023年3月10日；简洁：《释放首都检察版接诉即办效能》，《检察日报》2023年10月8日；王浩雄：《朱雅频向市十六届人大二次会议报告工作　北京检察机关办案质效居全国前列》，《北京青年报》2024年1月24日。

连续四年将60%以上的一审民商事案件化解在诉讼前端。同时，在12368热线中增设诉源治理专线，对于市民诉求承办主体的司法需求“一号响应”，打造“群众随时呼叫—街镇即时吹哨—法院应哨报到”的纠纷化解模式。2023年全年响应诉源治理需求14853个，实现343个街乡镇全覆盖，预防化解潜在纠纷4.5万件。[①] 在上述机制的实施过程中，各基层法院形成了各具特色的创新实践。如昌平区人民法院主动融入基层社会治理，推行“抓三端筑三防”诉源治理模式，聚焦前端治“未病”防纠纷于未发，聚焦中端治“欲病”防诉讼于未成，聚焦末端治“已病”防案件于未衍，促进基层社会治理从“化讼止争”向“少讼无讼”转变。[②] 又如朝阳区人民法院构建“互联共融”完善党建引领诉源治理工作机制，全面推进“一法庭一街乡”“一支部一品牌”建设，以法官工作站、调解中心等党群解纷站点为依托，把“群众说事”“干部解题”和“法官讲法”有机结合，促进形成共建共治共享的基层社会治理格局；将12368诉讼服务热线与朝阳区矛盾纠纷源头治理在线平台——“无讼朝阳”联通，实现“双网融合听诉求、一张工单办到底”，打通司法服务基层社会治理的“最后一公里”。上述举措推动了案件繁简分流，缓解了法院“人少案多”的问题，促进矛盾从源头化解，提升了基层社会治理能力和水平，为全国法院贡献了诉源治理的“北京样板”。

（四）加强对司法活动的监督，把权力关进制度的笼子

司法权是重要的国家权力，公正是司法的生命。北京市不断加强对司法活动的监督，把权力关进制度的笼子，促进司法公正。

---

① 赵岩、张磊:《北京连续四年超60%一审民商事案件化解在诉讼前端》,《人民法院报》2023年5月29日；王浩雄:《寇昉向市十六届人大二次会议报告工作 北京法院全年执行到位1262.5亿》,《北京青年报》2024年1月24日。

② 尹海萍、牟文洁:《昌平：从“化诉止争”到“少讼无讼”》,《人民法院报》2022年12月20日。

一是完善外部监督。一方面，加强人大监督。北京市人大按照“审慎稳妥、依法有序”的原则推进监督司法工作，通过听取和审议年度报告、专项报告以及专题询问、全面调研、开展专项监督检查等方式行使人大对司法机关的监督权。另一方面，加强社会监督。北京法院系统每年邀请人民陪审员参审案件近10万件。[①] 北京市检察院系统建立健全“菜单式＋专题式＋定制式”联系代表委员等工作机制，常态化邀请各界代表委员参与首都检察院系统线上线下联络活动。[②]

二是优化内部监督。一方面，全面加强审判监督。北京市法院系统制定民商事案件审判监督制度，探索建立合议庭评议全程录音录像、合议庭成员一体追责等制度机制，强化合议庭内部监督制约；制定落实减刑、假释案件制度，推动减刑、假释案件审判工作实质化、规范化；完善随机分案规则，从分案源头防控廉政风险。[③] 另一方面，加强检察管理监督制约。北京市检察院系统强化检察长对检察工作的领导，明确业务部门负责人的监督管理权限，实现全院、全员、全过程监管；完善业务归口管理、检务督察制度机制，防止权力集中；完善案件评价标准，倒逼检察官提高办案质量。[④]

三是强化检察机关对法院的法律监督。北京市检察机关统筹把握检察履职的司法被动性和监督主动性，通过监督线索集约管理、重大监督事项案件化办理，促进法律监督由虚向实、由软向硬转变，检察行权的监督属性和检察履职的能动性明显增强。[⑤]

---

① 寇昉：《北京市高级人民法院工作报告——2023年1月17日在北京市第十六届人民代表大会第一次会议上》，《北京日报》2023年2月2日。

② 朱雅频：《北京市人民检察院工作报告——2023年1月17日在北京市第十六届人民代表大会第一次会议上》，《北京日报》2023年2月3日。

③ 寇昉：《北京市高级人民法院工作报告——2023年1月17日在北京市第十六届人民代表大会第一次会议上》，《北京日报》2023年2月2日。

④ 敬大力：《北京市人民检察院工作报告——2020年1月15日在北京市第十五届人民代表大会第三次会议上》，《北京日报》2020年3月5日。

⑤ 朱雅频：《北京市人民检察院工作报告——2023年1月17日在北京市第十六届人民代表大会第一次会议上》，《北京日报》2023年2月3日。

四、深入推进全民守法，加快建设法治社会

全面推进全民守法，才能凝聚起全面建设社会主义现代化国家的强大力量，也只有人民群众内心信仰法律，法律才能真正发挥作用，法治社会才能真正建成。党的十八大以来，北京市通过提升全民法治素养，加强法治服务供给，提高城乡法治水平，不断将法治社会建设推向深入。

（一）创新普法工作机制，持续提升首都市民法治素养

提升人民群众法治素养，普法是不可或缺的一环。北京市以健全法治宣传教育体制为引领，构建起全社会广泛参与的大普法工作格局，以普法下沉消除“法治地图”不均衡，以精准普法全面落实国家普法规划，普法工作不断取得新成效。在司法部、全国普法办开展的三批“全国普法依法治理创新案例”推荐评选中，北京市司法局“以案释法”[①]探索与实践，北京市推动“七五”普法考核体系清单化、项目化、社会化，北京市探索以“四张清单”推动落实普法责

① “以案释法”是北京市司法局打造的首都普法品牌，通过整合资源、扩大队伍，以摸底研判、大数据分析等手段精准定位群众法治需求，形成了社区（村）“下单”、司法局“派单”、普法服务团“接单”、百姓“评单”的“订单式”管理、“平台式”普法新模式。

任制先后入选，在全国产生广泛影响。

深入推动全民守法，意味着普法工作必须实现全覆盖，不能“留死角”。为此，北京市通过健全完善法治宣传教育体制，贯彻落实“谁执法谁普法”“谁主管谁普法”“谁服务谁普法”的普法责任制，赋予党委等主管部门、执法部门、公共事业单位、法律服务部门、媒体部门明确清晰的普法责任，构建起全覆盖、网络化、社会广泛参与的大普法工作格局。以此为依托，各部门形成合力，实行联合普法机制，扩大法治宣传教育的覆盖面和影响力。例如，针对接诉即办诉求集中的“外卖小哥”等新就业形态劳动者劳动保障等问题，北京市相关委办局在解决诉求的过程中开展针对性普法，取得了良好效果。

在实现普法全覆盖之后，普法资源的均衡配置和有效利用是更高层次的要求。为消除“法治地图”不均衡，北京市通过市区级普法平台建设，助推普法重心向基层一线倾斜，推动各类资源下沉到基层社区（乡村），在全市奏响普法“大合唱”。在法治资源利用方面，北京市对法治文化资源的开发利用颇有可圈可点之处：一方面把法治元素融入历史文化名城保护、西山永定河文化带建设等重大文化项目，另一方面以健全制度、集群队伍、规模阵地、多元产品和智能传播推动法治文化滋润人心，通过广泛开展法治文艺大赛等群众性法治文化活动，供给更多高质量法治文化产品，为群众献上一场场法治文化盛宴，培育尊法学法守法用法的良好氛围。

精准普法是打通普法“最后一公里”的必由之路。为全面落实国家机关“谁执法谁普法”的普法责任制，北京市精准确定普法主体、普法对象、普法目标，推动全民普法由“大水漫灌”向“精准滴灌”转型升级。北京市各委办局探索以“需求清单、供给清单、责任清单、督导清单”四张清单为抓手，明确各部门普法的共性责任和相关单位的个性责任，有的放矢层层分解普法任务，推动在立法、执法、司法过程中实时普法、全程普法，确保普法责任制深化、落地、见效。在普法工作中，北京市坚持把法治教育纳入干部教育、国民教育、社会教育三大体系之中，探索建立领导干部学法清单和年度述法制度，探索建立学生法治教育考核评价体系，并推动实行公民终身法治教育的项目化运作、精细化管理。

（二）坚持覆盖城乡、便捷高效、均等普惠，基本形成现代化的公共法律服务体系

党的二十大报告强调，要提高公共服务水平，增强均衡性和可及性，并明确要建设覆盖城乡的现代公共法律服务体系。可见，现代化的公共法律服务体系，是建设法治中国、推进中国之治的题中应有之义。北京市以三种体系联动推进，让人民群众共享公共法律服务成果，切实增强人民群众的法治获得感、幸福感、安全感。

首先是完善公共法律服务制度体系。北京市将公共法律服务纳入市“十四五”规划，将“法律援助”“村（居）法律顾问”纳入市基本公共服务项目。制定了《北京市公共法律服务体系建设发展规划（2021—2025年）》《北京市加快推进公共法律服务体系建设的若干措施》，并先后出台《北京市司法鉴定管理条例》《关于进一步加强和改进新时代首都公证工作的意见》等44个配套政策文件，形成了覆盖公共法律服务全领域的专有制度体系。

其次是完善公共法律服务平台体系。为贯彻习近平总书记提出的建设覆盖城乡、便捷高效、均等普惠公共法律服务体系的指示要求，北京市以实体、热线、网络三大平台融合发展为抓手，全面完善公共法律服务平台体系。一是建设全覆盖的公共法律服务实体平台，建成了国内面积最大、功能最全的市级公共法律服务中心、16家区公共法律服务中心、331个街道（乡镇）公共法律服务站；6869个社区（村）公共法律服务依托村居法律顾问和人民调解委员会实现全覆盖。二是建设多功能的公共法律服务网络平台，以“互联网+法律服务”为总

体思路，综合运用云计算、人工智能和大数据技术，为群众提供全流程、全天候、全地域的高效法律服务。三是建设便捷化的“12348”公共法律服务热线平台，满足群众各方面法律服务需求。近五年来，四级实体平台提供公共法律服务 46 万人次，网络平台提供法律服务 364 万余次，12348 热线解答群众法律咨询 248 万余人次，满意率在 99% 以上。[①]

上述成效，离不开考评体系的支撑——北京市委推动将公共法律服务指标纳入“七有”“五性”民生监测体系，通过月排名、半年考核通报的方式，切实提高北京各区委、区政府对公共法律服务工作的重视程度，从而使得公共法律服务体系建设得以统筹推进。

（三）不断提高社会治理法治化水平，促进社会充满活力又和谐有序

习近平总书记强调，“要加快实现社会治理法治化”[②]。提升社会治理法治化水平，培育全社会办事依法、遇事找法、解决问题用法、化解矛盾靠法的法治环境，是建设法治社会、法治国家的必然要求。北京市一方面着力构建矛盾纠纷多元化解格局，以调解、信访、仲裁、行政裁决、行政复议、诉讼等机制化解矛盾纠纷；另一方面以专门文件、专项活动、专业队伍，深入推进基层治理法治化。

首先，印发了《关于加强基层治理体系和治理能力现代化建设的实施意见》，明确了推进基层治理法治建设的要点；制定并实施《北京市加强法治乡村建设三年行动计划（2020—2022 年）》，推进基层“一体化矛盾纠纷解决平

---

① 《五年砥砺行·喜庆二十大：坚持人民至上　公共法律服务实现新发展（七）》，北京市司法局网站，https://sfj.beijing.gov.cn/sfj/sfdt/ztzl74/xxxcgcddesdjs/xxgc/325970487/。

② 习近平：《论坚持全面依法治国》，中央文献出版社 2020 年版，第 234 页。

台”建设，为基层治理法治化打下坚实的制度基础。其次，以深入实施“乡村振兴 法治同行”专项活动为契机，深化“民主法治示范村（社区）”建设，引入第三方评价机制，建立规范化、动态化管理机制，加强日常指导和监管，定期进行复评，引领基层法治走向深入。最后，通过大力加强专业队伍建设，实现基层法治“后继有人”；通过健全完善“法律明白人”工作体系，使其培养机制愈加规范、队伍结构更趋合理、作用发挥越发显著；同时注重发挥首都律师资源优势，加强律师调解室建设，引导村（居）法律顾问积极参与基层矛盾纠纷预防化解。

在这一过程中，北京市基层治理的法治探索可谓异彩纷呈，令人目不暇接。顺义区大力推进乡村治理法治化，充分发挥村规民约的行为规范作用，引导群众有序参与农村事务，弘扬公序良俗，加强乡村治理，“约”出文明新风，相关做法入选中央农办、农业农村部首批“全国乡村治理典型案例”，在全国产生较大影响。[①] 延庆区将原区各委办局及乡镇街道退休老干部发动起来，组建了“海陀山”人民调解专家咨询志愿服务队，既为居民解决烦心事、揪心事，同时也激发了居民主动参与社区治理的积极性，更通过对人民调解员开展业务培训、为“法律明白人”授课等方式，打造专业化的调解队伍，以法治带共治、促精治。[②] 东城区打造了“矛调处置一体化”模式，其中朝阳门街道建设了公安、检察、法院、司法局等多部门常驻的一体化实体解纷中心。中心运行以来，街道受理的纠纷总量增长了一倍，调处用时却缩短了近六成，有效提升了发现和化解新生矛盾的“质”和“效”，把矛盾纠纷化解在基层、解决在萌芽。[③]

---

① 《村规民约“约”出文明新风——北京市顺义区利用“村规民约”推进乡村治理》，《中国乡村治理》2023 年 1 月 9 日。

② 徐伟伦、范嘉豪：《“矛盾忒复杂，得请老干部支支招”》，《法治日报》2023 年 4 月 2 日。

③ 黄洁、徐伟伦：《矛盾风险动态感知 调处为基达情善治 北京东城打造“矛调处置一体化”模式》，《法治日报》2023 年 4 月 17 日。

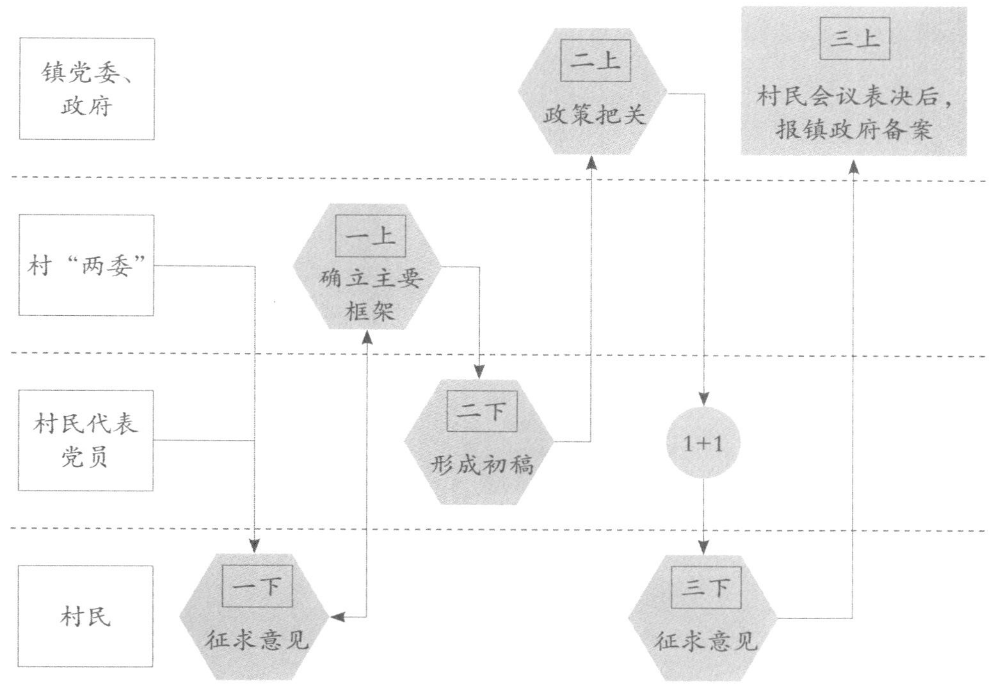

顺义区村规民约“三上三下”制定过程图示[①]

① 《村规民约“约”出文明新风——北京市顺义区利用“村规民约”推进乡村治理》，《中国乡村治理》2023年1月9日。

第七章

绿色发展 人与自然和谐共生

党的二十大报告指出："中国式现代化是人与自然和谐共生的现代化。"美丽中国是社会主义现代化强国目标之一，绿色发展是高质量发展的题中之义，是中国式现代化的突出品质和时代特色。北京作为首善之区，要统筹推进城市生态容量、生态环境质量、绿色低碳发展和生态文明制度体系的提升，全力打造人与自然和谐共生的现代化绿色城市样板。

一、提升城市生态容量，筑牢和谐宜居生态底色

人与自然和谐共生的现代化需要统筹好生产、生活、生态三大空间布局，持续提升城市生态容量，守住生态保护红线，建成和谐宜居的城市。

（一）统筹山水林田湖草沙系统治理

北京市践行“山水林田湖草沙是生命共同体”，大力提升城市生态容量。浅山荒山造林成效显著，绿色生态空间不断扩大，绿色生态屏障不断加固。北京市实施新一轮百万亩造林绿化，积极推动封山育林。水污染防治与水生态建设稳步推进，主要河流跨界断面全部达标，密云水库、怀柔水库水质稳定达到Ⅱ类标准，官厅水库水质保持Ⅳ类标准；小流域治理、湿地保护恢复与建设持续推进，山区生态清洁小流域建成率达到 67%。强化土壤污染风险防控和治理修复，受污染耕地安全利用率超 93%。积极推进生物多样性保护，2019 年 9 月 3 日，《生物多样性公约》缔约方大会第十五次会议主题在北京发布。“十三五”时期，北京市植物种类数量约占全国总数的 8%，已记录的鸟类超过 500 种，占全国鸟类物种数的比例超过 1/3，在二十国集团（G20）国家首都中排名第二。

（二）守住生态保护红线

北京市生态涵养区严格落实生态保护红线制度，划定生态保护红线4000多平方千米，制定了自然保护地整合优化方案，建立了自然保护地体系。2023年，北京市自然保护地已达79处，占北京市总面积的20%，基本形成布局科学、结构合理的自然保护地体系，使90%以上的重点野生动植物及其栖息地得到有效保护，为首都生态安全发挥了重要屏障作用。生态涵养区严格执行新增产业的禁限目录，加大拆除违法建设、腾退土地等专项整治力度，生态空间只增不减、土地开发强度只降不升。截至2022年底，北京生态涵养区全部成功创建“基本无违法建设区”，为生态保护和绿色发展腾出宝贵空间。

知识链接：北京生态涵养区

北京的生态涵养区是指包括门头沟区、平谷区、怀柔区、密云区、延庆区以及昌平区和房山区在内的山区部分，是首都的“大氧吧”“大花园”，这些区正在成为展现北京美丽自然山水和历史文化的典范区、生态文明建设的引领区、宜居宜业宜游的绿色发展示范区。

案例：门头沟区启动“迎豹回家”华北豹保护工程

2022年5月，门头沟区公布了《迎豹回家——北京市门头沟区野生动植物栖息地保护与恢复行动计划（2022—2027年）》，启动“迎豹回家”华北豹保护工程。北京曾是华北豹的家乡，过去数十年间，因为门头沟区矿山开采造成的生态破坏和偷盗猎等原因，野生豹已销声匿迹。随着生态涵养区功能定位的确立，生态保护的理念在门头沟区逐渐深入人心。北京百花山国家级自然保护区积极进行生态修复，加大针叶林与阔叶林的补种，保障了大型食草动物的生存，丰富了华北豹的食物来源。目前，中小型食草类动物的数量越来越多，华北豹的主要食物保有量基本达标，百花山已具备迎豹回家的基础条件。“迎豹回家”工程启动以来，百花山国家级自然保护区完成了 20 种重点保护植物专项调查和 100 个珍稀濒危兰科植物样方调查，为北京建设生物多样性之都贡献了力量。

二、改善生态环境质量，绘就蓝天碧水净土画卷

良好的生态环境是最普惠的民生福祉，人与自然和谐共生的现代化必然包括蓝天、碧水和净土。持续改善生态环境质量，打好蓝天、碧水、净土保卫战，才能让人们在人与自然和谐共生的现代化中过上更健康更幸福的高品质生活。

（一）“一微克”行动“抠”出蓝天

环境就是民生，青山就是美丽，蓝天就是幸福。2013 年以来，北京市深入贯彻习近平生态文明思想和习近平总书记对北京一系列重要讲话精神，持续治理大气污染，深入实施“一微克”行动，精准施策、科学治理，攻坚克难、久久为功。“一微克”行动是一项针对北京大气污染防治的长期任务，强调细颗粒物治理要一个微克一个微克去抠，综合运用科技、执法、管理等手段，实施大气污染精准治理。随着“一微克”行动深入实施，2023 年北京市 $PM_{2.5}$ 年均浓度下降至 32 微克 / 米 ^{3}，连续 3 年达到国家二级标准；可吸入颗粒物（PM_{10}）、二氧化氮（NO_2）和二氧化硫（SO_2）年均浓度分别为 54 微克 / 米 ^{3}、23 微克 / 米 ^{3} 和 3 微克 / 米 ^{3}，多年稳定达到国家二级标准，北京市空气质量持续改善。一系列有力举措打造了“北京蓝”亮丽名片，是习近平生态文明思想在京华大地落地

生根、开花结果的生动实践，也彰显了北京深入推进环境污染防治、建设人与自然和谐共生现代化的坚定决心。

案例：“一微克”行动实现“北京蓝”

北京科学研判大气污染源，以 $PM_{2.5}$ 治理为核心、“一微克”行动为主线，多策并举推进精准治污。北京自 2014 年起先后开展三轮 $PM_{2.5}$ 源解析，识别出燃煤、机动车、工业排放、扬尘四大污染源，将其作为清洁空气行动计划的重点领域。针对重点污染源，北京开展“压煤 + 控车 + 治污 + 降尘”系列行动。压减燃煤，大规模推进煤改电、煤改气，关停燃煤电厂、淘汰小型燃煤锅炉，成为全国首个 100% 清洁能源发电的城市。“车 – 油 – 路”一体化控车减排，淘汰老旧高排放车、更新重点行业新能源车，提升“公转铁”比重。严格产业环境准入，对工业污染源实施“环保技改”工程脱硫、脱硝、除尘等。建成覆盖街道（乡镇）的 $PM_{2.5}$、粗颗粒物高密度空气质量监测网络，精准识别高排放区域和时段，形成“智慧 + 环保”监管新模式。

（二）治水节水兼顾换来碧水

2021 年 10 月，习近平总书记在深入推动黄河流域生态保护和高质量发展座谈会上的讲话中指出：“要坚决落实以水定城、以水定地、以水定人、以水定产，走好水安全有效保障、水资源高效利用、水生态明显改善的集约节约发展之路。”进入新时代以来，我国秉持“节水优先、空间均衡、系统治理、两手发力”的治水思路，奋力谱写人与自然和谐共生的中国式现代化新篇章。“十三五”期间，北京市率先完成 16 个节水型区建设，全年用水总量均控制在规划目标值以内，实现了农业用新水负增长、工业用新水零增长、居民用水控制性增长、环境用水适度增长的用水调控目标，同时水质得到明显改善。2020 年，北京市印发了《北京市节水行动实施方案》，对全面落实国家节水行动方案和推进节水型社会建设进行了工作部署。

案例：密云水库与官厅水库

密云水库是华北地区第一大水库，在北京市东北部、密云区中部，西南距北京城 70 余千米，距密云区 12 千米。该水库坐落在潮河、白河中游偏下，系拦蓄白河、潮河之水而成，库区跨越两河。水库最高水位水面面积达到 188 平方千米，水深 40 米至 60 米，分白河、潮河、内湖三个库区，最大库容量为 43.75 亿立方米，相当于 67 个

航拍密云水库（王海欣 摄）

十三陵水库或 150 个昆明湖。环湖公路 110 千米。

2020 年 8 月 30 日，在密云水库建成 60 周年之际，习近平总书记给建设和守护密云水库的乡亲们回信，饱含对密云人民的亲切关怀，提出“希望你们再接再厉、善作善成，继续守护好密云水库，为建设美丽北京作出新的贡献”的殷切期望。为落实习近平总书记给建设和守护密云水库乡亲们的重要回信精神，北京市密云区、延庆区、怀柔区同河北省承德市、张家口市共同签署《密云水库上游流域生态环境联建联防联治合作协议》，组成“保水共同体”，共护一库净水，共担一份责任。

永定河是海河水系中最大的一条河流，历史上经常泛滥成灾。新中国成立伊始，中央人民政府把官厅水库列入根治永定河水患的首要内容。1951 年 10 月官厅水库建设工程正式开工，1954 年 5 月竣工，成为新中国成立后兴建的第一座大型山谷水库。河北省张家口市怀来县和北京市延庆县（今为延庆区）人民为水库的建设作出了巨大贡献。为修建官厅水库，延庆 48 个村、5594 户、约 2.1 万人以水库建设为重，克服困难，举家搬迁。

2014 年，官厅水库开始进行国家级湿地公园试点建设，先后开展“绿盾”自然保护区和“水源地”专项整治行动，对于官厅水库生态系统的恢复和保护、水库水质安全保障起到重要作用，一汪碧水正源源不断地注入北京。

（三）管控和修复赢得净土

土壤作为构成生态系统的基本要素之一，是人类赖以生存的物质基础。多年来，北京市深入实施绿色北京战略，以保护和改善土壤生态环境为目标，加强土壤污染源头管控，突出重点区域和重点行业的土壤污染治理，有效管控土壤环境风险，北京市土壤环境总体保持良好状况。2022 年 9 月 23 日出台、2023 年 1 月 1 日起施行的《北京市土壤污染防治条例》，是北京市首部土壤生态环境保护地方法规，进一步夯实了北京市土壤生态环境保护的制度基础，使得北京市“持续深入打好净土保卫战”站在了新起点。

案例：华军公司赔偿生态损害金近百万元

2019 年 5 月 17 日，北京市延庆区生态环境局执法人员对华军公司进行现场检查，发现该公司装备车间生产用切削液未经处理，直接通过管道溢流至场区北侧树林一砖砌的污水井内。2020 年 7 月 14 日，区生态环境局组织区公安分局、区检察院与当事人开展生态环境损害赔偿磋商。当事人表态愿意进行生态损害赔偿。当事人于 2020 年 7 月 22 日和 8 月 18 日两次对污染土壤进行取土并用清洁土壤回填，完成对污染地块的修复工作。2020 年 9 月 2 日，区生态环境局与华军公司签订了《生态环境损害赔偿协议》，经北京市第一中级人民法院司法确认，该协议合法有效。当事人按期缴纳生态环境损害赔偿金，共计 985160 元。

（四）精细垃圾管理引领新风尚

北京市于 2020 年 5 月 1 日开始实施《北京市生活垃圾管理条例》，明确了厨余垃圾、可回收物、有害垃圾、其他垃圾四大基本品类，强调了收集运输处理过程、监督管理和法律责任。三年间，已有 1.6 万个小区（村）全面实施了垃圾分类，精细垃圾管理取得巨大成效。北京市多措并举、多点发力推动垃圾分类工作，初步形成了全民有共识、同参与的局面，逐步构建规范完备、运行有效的城市垃圾治理体系。以党建引领，保障了政策落实落地；奖惩并举，创造了便利和暖心的分类条件，实施精细化管理，探索了高效长效机制。

三、加快绿色低碳发展，打造发展方式转型样板

绿色低碳的生产生活方式是实现人与自然和谐共生现代化的重要一环。积极稳妥推进碳达峰碳中和，加快生产生活方式绿色转型，是站在人与自然和谐共生的高度谋划经济社会发展的内在要求。

（一）多措并举推进“双碳”目标

北京在全国率先实行碳排放总量和强度“双控”。“十三五”时期，北京二氧化碳排放强度下降率达 23% 以上、降至每万元国内生产总值（GDP）0.42 吨，是全国省级地区最优水平。目前，北京已进入低碳转型发展新阶段，能源基础条件较好。北京市以能源、交通、建筑和工业等为重点领域，多管齐下推进“双碳”工作。电网升级、能源更新成为国网北京电力服务首都，实现“双碳”目标、提升居民生活品质的重要抓手。北京正构建绿色低碳交通体系，推进车辆“油换电”来优化机动车结构。

碳交易是推动全社会减少碳排放、积极应对气候变化的重要工具，通过市场机制激励管理技术创新、新能源利用、产业升级和全社会参与，可促进经济社会全面绿色转型，为高质量发展提供重要支撑。2013 年以来，在国家支持下，

北京市作为试点城市创造性地探索建立了总量控制下的碳排放权交易市场，覆盖了电力、热力、水泥、石化、工业、服务业、交通运输等多个行业，将年排放二氧化碳5000吨以上的重点单位纳入市场机制管理。北京市探索建立了较为完善的碳交易法规和市场规则，以及公开透明的排放报告、核查、履约和执法体系，以市场交易的方式形成社会公认的碳价。市场手段有效降低了社会综合减碳成本，有力支撑了北京市碳排放控制目标的实现，同时也为全国碳市场的启动提供了经验。在总结完善试点碳市场机制和经验基础上，北京市承建全国自愿减排交易机构，探索和国际碳交易与抵销机制相衔接，研究出台建设绿色金融领域全产业链开放工作实施方案，丰富碳金融产品供给，开展产品和服务创新，探索用市场金融手段推进应对气候变化工作。北京绿色交易所2023年2月落户北京城市副中心，定位为面向全球的国家级绿色交易所，未来将作为全国温室气体自愿减排交易中心，以及全球绿色金融和可持续金融中心的基础设施，为更多排放企业或主体提供服务。①

案例：绿电助力首都“双碳”目标

国网北京通州供电公司环球供电服务中心营业厅于2022年底建成投运，屋顶的太阳能光伏板每年可发电18万千瓦时，正常天气下可完全满足营业厅的用电需求，相当于减少二氧化碳排放140吨。光伏板储能装置可实现绿电就地消纳，以直流用电场景提高用能效率，以柔性用电系统实现电力系统互联互济。光伏发电装置所发电量自发自用、余电储存，探索出一条绿色建筑领域光伏消纳、零碳运行的解决路径。营业厅投运后，100%采用绿电，用能效率较传统营业厅预计

---

① 倪元锦：《北京：有序推进“双碳”进程》，新华社客户端，https://h.xinhuaxmt.com/vh512/share/11424140?D=134b0ae。

可提高近 20%。这是北京市首个“光储直柔”零碳营业厅，也是北京城市副中心新型电力系统示范区 12 个新型电力系统重点建设项目中首个竣工的项目。

2023 年初，国家电网在北京通州区前疃村建成北京首个社区级“N+1”型交直流混联微电网系统，前疃村成为北京首个数字化微网“零碳”村庄。国网北京市电力公司以前疃村为试点，创新研发先进的低压柔性交直流混联微电网系统，全面打通能源互联的微循环，预计可以 100% 消纳“十四五”期间全村新增光伏电量并网，每年光伏并网约 144 万度电，相当于 200 户村民一年的用电量，每年可以减少碳排放量约 1130 吨，还可为旅游、民宿等相关产业发展提供可靠电力保障，经济效益和环保效益将显著提升。①

北京作为中国最早涉足“煤改电”的地区，2003—2015 年国网北京市电力公司完成 31 万户城区煤改电工作；2013—2022 年完成农村“煤改电”2451 个村、109.67 万户。在北方地区开展清洁取暖的城市中，北京“煤改电”工程规模最大、成效最显著。

（二）生产生活方式绿色转型

绿色是生命色、自然色，绿色发展是未来经济的方向、人民群众的期盼。建设绿色城市，就是要改变传统的生产模式和消费模式，实现经济社会发展和生态环境保护协调统一。习近平总书记在党的二十大报告中强调：“必须牢固树

① 《北京：构建新型电力系统　推动能源低碳转型》，《人民日报》2023 年 1 月 18 日。

立和践行绿水青山就是金山银山的理念，站在人与自然和谐共生的高度谋划发展。”建设人与自然和谐共生的现代化，要坚持以习近平生态文明思想为指引，以经济社会发展全面绿色转型为引领，加快形成节约资源和保护环境的产业结构、生产方式、生活方式、空间格局。推进重点行业绿色化改造，推动煤炭等化石能源清洁高效利用，增强绿色发展新动能。一方面，加快形成绿色发展方式，调整经济结构和能源结构，培育壮大新型生态产业体系，提高资源全面节约和循环利用水平；另一方面，倡导简约适度、绿色低碳的生活方式，形成文明健康的生活风尚，让绿色生活成为全社会的自觉行动。

四、健全生态文明体系，构筑制度保障完善范例

完善生态文明制度体系是实现人与自然和谐共生现代化的必然选择。成熟、有效的生态文明制度体系，能够有效保障生态环境治理工作的科学、持续运转。持续优化生态文明制度体系，健全生态产品价值实现机制，有助于我国推进生态环境治理体系和治理能力现代化，加快建成社会主义现代化强国。

（一）优化生态保护制度体系

党的十八大以来，我国制定出台和修订完善了一系列关于生态文明建设的制度规定和法律法规，生态文明制度体系日趋完善。2018 年以来，北京市先后制定《关于健全生态保护补偿机制的实施意见》《关于推动生态涵养区生态保护和绿色发展的实施意见》《北京市生态涵养区综合性生态保护补偿政策》《关于新时代高质量推动生态涵养区生态保护和绿色发展的实施方案》《北京市建立健全生态产品价值实现机制的实施方案》《生态产品总值核算技术规范》等文件，鲜明提出“把守护好绿水青山当作生态涵养区的头等大事”“不让保护生态环境的吃亏”的战略导向，率先探索综合性生态保护补偿机制，支持生态涵养区探索“两山”转化路径，加快推进生态产品价值实现市场路径。《北京市生态涵养

区生态保护和绿色发展条例》于 2021 年 6 月 5 日起施行，是国内首部省级层面对特定功能区立法，同步启动执法检查，从生态保护、规划建设、绿色发展等方面完善生态涵养区配套政策体系的条例。针对重点区域和领域，出台了《北京市生物多样性保护规划（2021 年—2035 年）》《北京市密云水库流域水生态保护与发展规划（2021 年—2035 年）》《北京市密云水库上游地区空间保护规划（2020 年—2035 年）》《长城国家文化公园（北京段）建设保护规划》《北京市西山永定河文化带保护发展规划（2018 年—2035 年）》等专项规划。加快构建现代环境治理体系，建立健全生态产品价值实现、生态保护补偿、“三长联动、一巡三查”等制度机制。

北京市各有关区编制了“十四五”时期生态环境保护规划，制定了专项规划或实施方案等文件，积极创建生态文明建设示范区、“两山”实践创新基地，结合资源禀赋针对重点区域制定保护规划。例如，门头沟区编制了《北京百花山国家级自然保护区总体规划（2018—2027 年）》《迎豹回家——北京市门头沟区野生动植物栖息地保护与恢复行动计划（2022—2027 年）》《北京市门头沟区生物多样性保护行动计划（2022 年—2035 年）》等。怀柔区、密云区联合承德市共同签订了《潮河流域生态环境联建联防联治合作协议》，建立“责任共担、问题共商、目标共治、信息共享”机制。密云区深入落实《北京市密云水库流域水生态保护与发展规划（2021 年—2035 年）》，积极参与制定《密云水库保护与发展条例》，制定了《密云水库安全管护工作方案》《密云区密云水库流域生态保护与绿色发展方案》《密云区密云水库总氮治理工作方案》等。

北京市还建立了由常务副市长牵头的生态涵养区生态保护与绿色发展工作专班，建立健全了信息报送、日常调度、督查考评工作机制，统筹调度生态涵养区生态保护和绿色发展相关工作，并纳入北京市生态文明建设管理体制，进一步提高管理层级、加大管理力度。

（二）健全生态产品价值实现机制

新时代加快破解生态涵养区发展面临的新问题，是贯彻落实习近平生态文明思想的重要生动实践，其中关键的路径就是支持生态涵养区率先建立健全生态产品价值实现机制，推动优质生态环境参与资源要素市场分配，培育绿色转型发展的新业态新模式，激发绿色发展内生动力，让良好的生态环境成为生态涵养区高质量发展、迈向共同富裕的有力支撑。

加快构建基础制度体系，夯实生态产品价值实现制度基础。为保障生态涵养区坚定不移走生态优先、绿色低碳的高质量发展道路，结合生态涵养区发展实际，北京市出台了一系列文件，如《关于健全生态保护补偿机制的实施意见》《关于推动生态涵养区生态保护和绿色发展的实施意见》《北京市生态涵养区综合性生态保护补偿政策》等，从生态保护、规划建设、绿色发展等方面完善生态涵养区配套政策体系，生态安全格局专项规划、国土空间生态修复规划、零散配套设施用地指导意见等一批政策加快出台，为全国各地推动生态文明建设和区域协调发展提供有益借鉴。

北京市各相关区积极探索生态产品价值实现路径，健全生态产品价值实现机制。例如，门头沟区率先建立生态涵养发展指数评价体系和生态环境损害赔偿机制，率先完成生态产品价值实现机制研究，提出了门头沟生态产品价值实现“一二三”路径，即“保护修复＋调查核算”一体化生态资产经营管理、产业造血和生态补偿“两条腿”价值实现模式，以及“信用金融＋空间规划＋制度创新”三方面支撑体系。围绕“特定地域单元生态产品价值核算及金融化”“权益交易”等重点领域，门头沟区编制完成区级实施方案，初步完成了全国首个“特定地域单元生态产品价值评价及运用”体制机制闭环运转方案框架设计。制定《门头沟区－西城区生态资源权益交易机制工作方案》，探讨两区生态产品（生态资源权益）交易事宜。密云区以健全生态产品价值实现机制为着力点，推进生态产业化和产业生态化，提高生态产品附加值，赋能绿色高质量发展，从被动执行保水任务到主动创造环境优势，努力写好保水护山的后半篇文章，在北京市率先制发《关于密云区建立健全生态产品价值实现机制的实施意见》。平谷区初步构建了生态产品总值（GEP）核算体系。延庆区在北京市率先开展“两山”基地GEP评估工作，完成森林和草原碳汇核算研究工作；与海淀区签订《延海结对协作资金与生态产品价值联动合作协议》，探索生态资源权益交易机制。

优化生态保护补偿机制，完善政府支持路径。政府通过依托结对协作机制，创新建立跨区横向转移支付制度，促进各结对区协作共赢发展，逐渐探索出一条以生态补偿机制促进区域在生态环境、公共服务资源、绿色产业等方面协调发展的新路子。平谷区通过直接给予财政资金，或通过支持引导绿色产业项目落地、提升公共服务能力等多种形式，为生态涵养区经济社会发展提供有力支撑。

案例：延庆区GEP核算与应用：算好绿水青山“经济账”，念好GEP核算“应用经”

聚焦GEP从核算到应用的全流程常态化运行，延庆区在全国率先构建了“3+1+1”制度体系。“3”指《北京市延庆区生态产品总值核算技术规范（试行）》《北京市延庆区生态产品总值核算数据采集方案》《北京市延庆区生态产品总值自动化核算与管理平台》；第一个“1”指《延庆区生态产品总值（GEP）生态保护补偿办法（试行）》；第二个“1”指《延庆区生态产品总值核算与结果应用实施方案》。

延庆区先后开展了三轮GEP核算工作，设置了产品供给、调节服务、文化服务3类17项功能指标。根据测算结果，2014—2021年延庆区 GEP 从 363 亿元增长至 424 亿元。延庆区将 GEP 核算放到生态产品价值实现中考虑，一方面将 GEP 核算结果纳入区政府绩效考核，另一方面将 GEP 写入《延庆区生态文明建设规划（2021—2025 年）》，对常态化 GEP 核算和多元化结果运用进行部署，形成了更加清晰、精准的 GEP 提升导向。

第八章

精细治理
超大城市智慧宜居

习近平总书记强调，城市治理是国家治理体系和治理能力现代化的重要内容。一流城市要有一流治理，要注重在科学化、精细化、智能化上下功夫，既要善于运用现代科技手段实现智能化，又要通过绣花般的细心、耐心、巧心提高精细化水平，绣出城市的品质品牌，走出一条中国特色超大城市管理新路子，不断提高城市管理水平。党的二十大报告指出，坚持人民城市人民建、人民城市为人民，提高城市规划、建设、治理水平，加快转变超大特大城市发展方式。北京市第十三次党代会进一步指出，北京城市发展要实现“四个转向”，其中就包括从城市管理转向超大城市治理。北京作为大国首都和超大城市，在实现中国式现代化建设的新征程上要做表率、立标杆，不断扎牢织密超大城市现代化治理体系，为高质量提升超大城市现代化治理水平贡献首善力量。

一、人民城市为人民，深入实施北京城市总体规划

习近平总书记深刻指出，北京的城市总体规划实质上是首都城市规划，不仅关系到北京的城市发展，更关系到党和国家工作大局。北京市深入贯彻落实习近平总书记重要讲话精神，处理好“都”与“城”的关系，加强“四个中心”功能建设，提高“四个服务”水平，实现更高质量的发展，以现代化的超大城市规划理念更好服务党和国家工作大局。

（一）首都国土空间规划体系“四梁八柱”基本建立

北京国土空间规划工作以习近平总书记对北京一系列重要讲话精神为根本遵循，始终站在党和国家事业发展全局和京津冀协同发展的战略高度，思考首都北京应该发挥的示范引领和区域带动作用，始终围绕“建设一个什么样的首都，怎样建设首都”这一重大时代问题，谋划首都未来发展的新蓝图，探索超大城市现代化治理体系。

2017 年 9 月，《中共中央　国务院关于对〈北京城市总体规划（2016 年—2035 年）〉的批复》中明确要求，严格控制城市规模，以资源环境承载能力为硬约束，切实减重、减负、减量发展，提出到 2035 年城乡建设用地规模减少到

2760平方千米左右。2019年1月，党中央、国务院批复《北京城市副中心控制性详细规划（街区层面）（2016年—2035年）》，要求牢牢抓住疏解北京非首都功能这个“牛鼻子”，把城市副中心打造成北京的重要一翼。

2020年4月，北京市为落实中央全面深化改革委员会第六次会议审议通过的《关于建立国土空间规划体系并监督实施的若干意见》文件精神，制定印发《关于建立国土空间规划体系并监督实施的实施意见》，标志着“三级三类四体系”国土空间规划体系构建形成。2020年8月，党中央、国务院批复《首都功能核心区控制性详细规划（街区层面）（2018年—2035年）》，要求把服务保障中央政务和治理“大城市病”结合起来，充分发挥“两翼”的承接作用，北京中心城区外其他地区可梯次承接部分适宜功能。首都国土空间规划体系“四梁八柱”基本建立。

在北京市“三级三类四体系”国土空间规划体系下，结合总体规划、分区规划、控制性详细规划等编制和实施工作，通过严控城市规模、优化功能布局、完善交通结构、强化生态格局、倒逼转变方式、推动区域协同六方面规划实践，不断探索超大城市现代化治理方式，解决超大城市现代化发展中的诸多问题。

（二）瘦身健体释放高质量发展活力

作为全国第一个减量发展的超大型城市，北京积极探索在减量刚性约束下实现城市更新和高质量发展的有效路径。一是建立城乡建设用地减量发展规划引导机制。结合分区规划、控制性详细规划编制，细化各区减量任务清单，制定建设用地减量实施方案，建立年度减量计划实施管理制度。建立建设用地战略留白引导机制，严格用地功能审核。二是建立减量发展实施倒逼机制。制定实施生态控制线和城市开发边界管理办法，严格限制集中建设区外存量改造和新增建设用地，倒逼集中建设区外城乡建设用地减量。三是建立城乡建设用地供减挂钩机制。加强拆建比、拆占比管理，严格先减后增，统筹安排城乡建设用地供应与减量腾退的时序和数量。四是建立减量发展激励机制。落实规划分级管理制度，在区级层面构建规划实施统筹机制，制定减量发展激励政策措施，激发各区域减量发展积极性。五是建立建设用地精细化利用机制。实行土地全生命周期管理，加强对项目竣工、投达产及使用过程中的动态监管和绩效评价。

2014 年 2 月，习近平总书记在考察北京城市建设时深刻指出，城市规划在城市发展中起着重要引领作用，考察一个城市首先看规划，规划科学是最大的效益，规划失误是最大的浪费，规划折腾是最大的忌讳。作为全国首个减量发展的超大城市，北京坚持创新体制机制，由集聚资源求增长向疏解功能谋发展转变，为创新发展、高质量发展腾出空间。2017 年以来，北京市常住人口规模连续五年实现负增长，城六区常住人口实现了比 2014 年下降 15% 的目标。城乡建设用地规模首次由“增”转“降”，城乡建设用地减量 110 平方千米。首都城市发展方式实现深刻转型，以减量发展助力超大城市的现代化治理之路迈出坚实步伐。

案例：减量发展的“王四营模式”

2022 年 7 月 6 日，朝阳区王四营乡孛旺花园一期正式启动交房，这是北京市“十四五”规划中“王四营模式”的首次落地。

贯彻“新四合”设计理念，是减量发展“王四营模式”的落地基础。“新四合”建设理念主要包括四方面：“用地整合”，即整合居住、学校、托幼用地，邻京哈高速南侧地块留白增绿；“功能组合”，即集体产业与居住公共服务设施结合，沿孛罗营西路打造商业步行街，提高商业服务资源配比；“空间围合”，即增加东西向建筑比例和楼间连接建筑，形成组团式空间结构；“高低结合”，即建筑高度从 80 米降至 60 米内，单体高度以 36—45 米为主，保护好城市绿廊和天际线，扩大绿色开敞空间。

未来，王四营乡将持续探索城市化路径，确保在减量发展中实现地区高质量发展，将“王四营模式”做精做细做实做深，为北京市减量发展体制机制创新树立标杆和典范。

（三）坚定不移疏解非首都功能

疏解非首都功能是京津冀协同发展的“牛鼻子”。北京市坚持疏存量、优增量，分类推进实施，推动一般性产业从整区域、大范围集中疏解向精准疏解、高效升级转变，加快“腾笼换鸟”，适应社会需求升级，提升产业竞争力。

深入推进“疏解整治促提升”专项行动是落实《北京城市总体规划（2016年—2035年）》的重要抓手，是优化首都功能、推动减量发展和现代化建设的重要举措。2017年，北京市政府出台《关于组织开展“疏解整治促提升”专项行动（2017年—2020年）的实施意见》，统筹开展非首都功能疏解、“大城市病”治理、发展质量提升等工作。2021年1月，北京市制定《关于“十四五”时期深化推进“疏解整治促提升”专项行动的实施意见》，明确了10方面25项任务，进一步巩固拓展专项行动工作成效。

知识链接：“疏解整治促提升”专项行动

“疏解整治促提升”专项行动是指以疏解非首都功能、治理“大城市病”、优化提升首都功能为目标实施的专项行动。主要包括违法建设拆除，占道经营、无证无照经营和开墙打洞整治，城乡接合部整治改造，中心城区老旧小区综合整治，中心城区重点区域整治提升，疏解一般性制造业和“散乱污”企业治理，疏解区域性市场，疏解部分公共服务功能，地下空间和群租房整治，棚户区改造、直管公房及商改住清理整治等内容。

北京市“疏解整治促提升”专项行动形成了一套行之有效的工作方法。一是加强统筹协调。坚持市级统筹、纵向领导、横向协调、属地主责、上下衔接。成立市级专班，按照“量化、细化、具体化、项目化”的要求，做好阶段性目标与分年度安排的衔接，动态优化调整专项任务安排。二是加强社会参与。坚持党建引领，拓展参与渠道、创新参与方式、完善“民意立项”等机制，鼓励动员社会各界广泛参与政策研究、制定和实施全过程。三是加强科技支撑。全面提升综合调度信息平台功能，完善上账销账、进展跟踪、督查核验、落点落图全过程管理体系，全方位实现“挂图作战”、精准调度。四是加强督查考评。坚持各专项任务入账管理、销账推进，突出问题导向，将群众满意度作为工作标尺，健全察访核验、第三方评估、督查考核机制，对问题加强督促整改。

经过不懈努力，非首都功能疏解取得阶段性成果，城市现代化治理能力全面提升，为北京率先基本实现社会主义现代化打下坚实基础。

一是城市运行秩序和环境面貌明显改善。通过拆除违法建筑累计腾退土地 2.2 万公顷，综合整治“开墙打洞”、占道经营、群租房、无证照经营等行为。完成核心区 2336 条街巷环境整治，北京市范围内新一轮背街小巷环境精细化整治提升全面启动实施，推动街巷整治向街区更新转变，以城市更新推动超大城市现代化治理转型取得实实在在的成效。

二是城市人居环境品质显著提升。利用拆违腾退土地实施“留白增绿”约 6921.6 公顷，建成投用口袋公园、微型绿地约 460 处。建设提升基本便民网点 5133 个，完成棚户区改造 11.1 万户，以需定项实施中心城区老旧小区综合改造 82 个。实施雍和宫大街、磁器口大街周边慢行空间改造提升等 30 余个公共空间

北京前门大街鲜鱼口老字号美食街

改造提升试点。2017 年以来，围绕广渠路、亮马河等地区开展 45 个重点区域综合治理提升，什刹海西海湿地 6000 米邻水步道全面贯通，崇雍大街重现“京韵、大市”古都风貌，前门三里河、亮马河国际风情水岸等一批网红打卡地亮相，提升了城市品质和活力。①

三是社会共建共治共享氛围日益浓厚。将百姓“需求清单”“问题清单”转

① 《我委参加“十四五”时期深化推进“疏解整治促提升”专项行动实施意见新闻发布会》，北京市发展和改革委员会官网，https://fgw.beijing.gov.cn/gzdt/fgzs/tpxw/202102/t20210207_2278485.html。

化为“任务清单”，办好群众家门口的事。不断扩大社会参与，街区体验馆、胡同博物馆、居民议事厅等不断涌现，创建了全国首档市民与公共政策对话节目《向前一步》，形成“回天有我”“小巷管家”“老街坊劝导队”等一批群众治理品牌，拓宽了市民交流交往空间，现代化城市治理的社会底蕴更为厚实。

二、练好绣花功夫，推进城市精细化治理

习近平总书记强调，一流城市要有一流治理，要注重在科学化、精细化、智能化上下功夫，既要善于运用现代科技手段实现智能化，又要通过绣花般的细心、耐心、巧心提高精细化水平，绣出城市的品质品牌。北京作为超大城市，推进城市治理的精细化水平更需要从宏观上整体规划和把握，从微观上具体运作和实行，以对人民群众高度负责的精神全面持续推进城市精细化治理，以绣花的功夫筑牢超大城市现代化治理的基层基础。

（一）打造“有里有面”精品街巷

精细化治理是超大城市现代化治理体系的重要维度。背街小巷环境精细化整治提升是“疏解整治促提升”专项行动的重要延伸性工程，是推进城市精细化治理的重要抓手。在推进城市精细化治理过程中抓好两件“关键小事”，使生活垃圾分类成为新风尚，党建引领物业管理体系基本形成。

垃圾分类和物业管理工作是北京市加强城市精细化治理的两件“关键小事”，关系人民群众的生活环境和生命健康，关系首都城市的有序运行和可持续发展。北京市为了抓好这两件“关键小事”，于 2020 年出台了《北京市生活垃圾管理条例》和《北京市物业管理条例》，经过持续不断狠抓落实，生活垃圾分

类效果明显，物业管理“三率”水平保持高位。

北京市按照减量化、资源化、无害化和全品类、全链条、全覆盖原则，截至 2023 年 5 月，推动近 1.6 万个居住小区（村）、11.7 万个垃圾分类管理责任人和广大群众全面实施垃圾分类，家庭厨余垃圾分出率稳定在 18% 以上，可回收物规范回收量增长近 1 倍，其他垃圾减量率超过 30%，生活垃圾回收利用率达到 38.5% 以上，分类效果明显。[①]

北京市业委会（物管会）组建率、物业服务覆盖率、党的组织覆盖率切实提升。截至 2022 年 10 月，业委会（物管会）组建率从 12% 增加到 96.9%，物业服务覆盖率由 64% 增加至 96%，党的组织覆盖率由 25% 增加到 99%，夯实了党建引领物业管理的工作基础。[②]

北京市持续推进背街小巷环境精细化整治提升专项行动，从 2017 年起，启动第一轮背街小巷环境整治提升三年行动，背街小巷环境面貌得到整体改善，群众身边的环境品质显著提升。2020 年至 2022 年，新一轮背街小巷环境精细化整治提升三年行动再次启动，整治提升呈现出范围更广、标准更细、内容更丰富等新特点。2023 年 2 月，北京市印发了《深入推进背街小巷环境精细化治理三年（2023—2025 年）行动方案》，标志着第三轮背街小巷环境治理三年行动正式拉开帷幕。背街小巷环境精细化治理将根据街巷基础现状，实施分类治理、持续推进，分为达标街巷、优美街巷、精品街巷。达标街巷达到“十无”标准，优美街巷达到“十无五好”标准，精品街巷达到“十无五好四有”标准。按照新三年行动方案的要求，北京市 5393 条背街小巷，将按照精品、优美、达标街巷标准，分类治理、持续推进。通过打造一批精品、优美街巷，示范带动北京

① 张艺：《实施垃圾分类三年，北京交出怎样的答卷》，中国青年报客户端，https://s.cyol.com/articles/2023-06/04/content_v6bKqac4.html?gid=28Dga1xp。

② 《北京市物业管理条例实施两年多物业服务覆盖率增至 96%》，中国新闻网，https://baijiahao.baidu.com/s?id=1750366324177855467&wfr=spider&for=pc。

市背街小巷层层递进、深化提升、精细治理，实现市容环境面貌整体提升，三年全部完成环境精细化治理。[①]

知识链接：北京市“十无五好四有”街巷

北京市达标街巷达到“十无”标准，即无私搭乱建、无开墙打洞、无乱停车、无乱占道经营、无违规设置城市家具、无违规广告牌匾和标语宣传品、无乱搭架空线、无外立面破损、无道路破损、无垃圾乱放和堆物堆料。优美街巷达到“十无五好”标准，“五好”即公共环境好、社会秩序好、道德风尚好、同创共建好、宣传氛围好。精品街巷达到“十无五好四有”标准，“四有”即历史文化有传承、绿化美化有品质、生活休闲有空间、便民服务有配套。

北京市按照“十无五好四有”要求，着力解决私搭乱建、开墙打洞、乱停车、乱搭架空线等突出问题，编制实施《背街小巷环境整治提升设计管理导则》，从色彩、气质、风格、机理等方面，对建筑立面、市政设施、城市家具等十大类、36 项元素明确管控标准和规范。全面推行街巷长制、建立小巷管家队伍，制定出台街巷长、小巷管家指导意见，北京市共选派街巷长 1.63 万余名，招募小巷管家 3.98 余万名，实现街巷长制度全覆盖。

经过持续不懈努力，北京市 3123 条背街小巷精细化治理取得新成效。什刹海环湖步道向市民开放，三里屯变成时尚打卡地，望京小街融合“烟火气”和“文艺范儿”，雨儿胡同、鼓楼西大街、杨梅竹斜街、王府井大街、隆福寺等一批精品街区亮相，人居环境和生活便利度显著提升。

① 《市城市管理委组织召开 2023 年背街小巷环境精细化治理工作交流培训会》，北京市人民政府官网，https://www.beijing.gov.cn/ywdt/gzdt/202303/t20230323_2943115.html。

案例：望京小街推进精细化治理

望京小街地处望京门户、核心商圈，全长380米，建于2007年。随着当时望京地价的飙升、电子商务的快速崛起，小街内传统的店铺经营模式受到很大的冲击，商家纷纷亏损撤租，街区逐渐呈现出商业萧条、难以为继的景象。设施老旧、业态单一、道路破损、人车混杂、环境脏乱成为小街的容貌。

2020年8月，望京小街完成了街区的清退、改造和开街运营，使得整个街区从过去的老旧商业中心，更新改造为5.4万平方米产业办公、2万平方米商业、1万平方米步行街的时尚活力新街区，盘活区域36万平方米商写空间，辐射周围居民10万多人口，区域环境品质明显改善，显著提升了基层治理现代化水平。

国际化街区望京小街（程功 摄）

（二）打造慢行系统，破解交通拥堵难题

慢行系统是破解交通拥堵治理难题的重要举措，北京市充分发挥慢行交通系统在中短距离出行和公共交通出行“最后一公里”接驳中的重要作用，持续构建城市慢行交通网络、改善慢行品质。

《北京市慢行系统规划（2020 年—2035 年）》提出，北京慢行交通的发展目标是建设连续安全、便捷可达、舒适健康、全龄友好的慢行系统，助力实现碳达峰、碳中和。其中，近期目标是到 2025 年，通过制定完善相关措施、开展专项行动，系统性解决慢行系统突出问题，持续提升慢行交通吸引力；远期目标是到 2035 年，将慢行系统与城市发展深度融合，形成“公交 + 慢行”绿色出行模式，建成步行和自行车友好城市。该规划对标国际一流标准，从出行比例、骑行量、路权保障和环境品质四个方面提出了 8 项规划指标，包括 5 千米内慢行出行比例、人行道有效宽度达标率、绿化遮阴率等。经过持续加大投入力度，北京慢行系统建设成效初步显现。

第一，推进慢行系统与轨道交通融合。完成 51 个重点轨道车站 224 处共享单车电子围栏建设。建成全国第一条自行车通勤专用路，有序推进东拓南展工程，年骑行量突破 185 万辆次，有效提升回龙观至上地通勤出行效率。第二，实施慢行系统品质提升行动。北京市自 2018 年以来，累计优化提升慢行系统超过 3200 千米，完成城六区近 3000 千米、二环辅路慢行系统治理工作，建成 CBD 西北区、回龙观等一批示范街区，慢行系统逐步连片成网，出行环境得到显著改善。第三，市民绿色出行意愿持续提升。自行车年骑行量由 2017 年的 0.5 亿次（公共自行车）提升至 2021 年的 9.5 亿次（共享单车），同时规范互联网租赁自行车，自行车出行已回归城市。2021 年，中心城区慢行交通出行比例达 47.8%，创近 10 年来新高，北京市民慢行出行意愿持续提升，骑行已经成为首

都市民新风尚。①

北京市自行车专用路（邓伟 摄）

（三）实施城市更新，助力首都城市复兴

城市更新是助力新时代首都高质量实现现代化的重要途径，体现的是现代化的城市治理水准和发展理念，需要全社会共建、共治、共享。北京市作为国家首批城市更新试点城市，积极探索城市更新机制，稳步推进示范项目，各项工作进展顺利。

---

①《北京：建设步行和自行车友好城市 加强“水路绿”三网融合打造滨水慢行系统 396.8 公里》，北京市人民政府，https://www.beijing.gov.cn/ywdt/gzdt/202209/t20220922_2820631.html。

第一，加强顶层设计，引领城市更新。北京市先后印发《北京市城市更新行动计划(2021—2025年)》《北京市城市更新专项规划（北京市“十四五”时期城市更新规划)》《北京市城市更新条例》等，持续完善关于城市更新行动的指导意见和实施细则，确定了居住类、产业类、设施类、公共空间类、区域综合类等5大类、12项更新内容。

第二，建立可行模式，保障城市更新。通过建立“政府引领、社会参与、责师支持、群众共建”的城市更新保障模式，加强机制保障、政策保障、服务保障和评估保障，聚焦以人民为中心的城市更新行动策略，走好减量背景下首都高质量城市更新之路，为中国式现代化发展打造首都标杆。

第三，拓展资金来源，助力城市更新。引入社会资本参与城市更新等配套政策，构建政银、银企合作机制，探索搭建平台公司、设立城市更新基金，以政府“小投入”撬动市场“大投资”，形成了“劲松模式”等城市更新成功经验，通过政府输血带动企业造血，保障城市更新健康可持续发展。

知识链接：“劲松模式”

“劲松模式”指社会力量与劲松街道开展战略合作，进行老旧小区更新改造和社区长效管理的成功模式。其内涵为“党建引领、多元共治、民意导向、有机更新”，“劲松模式”的核心是吸引社会资本参与，并保障资本的利益诉求。其取得的突破有：在党建引领下的老旧小区改造长效机制和共治平台上探索突破；在善治目标下的老旧小区改造“软硬兼顾”“共同缔造”上探索创新；在运营视角下的老旧小区专业化综合服务上探索突破。

案例：亮马河国际风情水岸成功打造：城市水上会客厅

亮马河国际风情水岸起点为香河园路，终点为东四环北路，全长5.6千米，水面面积16.67公顷，绿化面积64.09公顷。2019年朝阳区启动亮马河四环以上段河道更新工程，坚持以“政企共建”为核心的“六共”模式（共商、共治、共建、共享、共管、共赢），充分调动沿线企业积极性，同步实施“疏整促”与水生态文明建设，充分整合“水、城、景、文、游”五个系统，开展水利水生态、景观绿化和夜景照明建设综合治理工程，以河道复兴引领城市更新，成功打造“城市水上会客厅”，为中国式现代化的北京篇章增添亮丽底色。

夜色中璀璨浪漫的亮马河国际风情水岸（程功　摄）

三、加强社区建设，深化街乡管理体制改革

习近平总书记强调，要加强和创新基层社会治理，将矛盾纠纷化解在基层，将和谐稳定创建在基层。北京市以加强党对基层治理的全面领导为统领，以加强基层政权建设和健全基层群众自治制度为重点，以深化吹哨报到和接诉即办改革为牵引，以赋权增能、减负增效和体制机制创新为抓手，全面推进街道（乡镇）和城乡社区治理，以基层治理现代化为超大城市治理现代化奠定坚实根基。

（一）落实好街道办事处条例

党的二十大报告提出，要完善社会治理体系，提升社会治理效能。北京市深化街道管理体制改革，落实好《北京市街道办事处条例》，打通城市治理“最后一公里”，夯实首都社会治理现代化水平基层基础。

一是街道建设实现跨越式发展。街道管理体制更加优化，构建“六室一队三中心”机构体系，使公共服务、城市管理、社会治理等更加科学高效。坚持向街道赋权增能，治理重心下移、工作力量下沉，城管执法、生态环境等 400 多项行政职权下放，实现基层治理责权匹配。补齐基层治理人财物短板，增加人员编制和财政保障等，街道工作力量和工作效能显著提升，“统合平台”和“指

挥棒”作用加强，汇聚助力基层治理现代化的综合力量。街道“管得了的看不见”“看得见的管不了”等问题得到有效解决，让街道在面对基层治理难题时既能“看得见”，又能“管得了”“管得好”。

二是群众诉求解决机制更加健全。坚持以人民为中心的发展思想，深化“街乡吹哨、部门报到”改革，完善 12345 热线接诉即办机制。明确区级人民政府工作部门及有关单位应当接受街道办事处的统筹协调、指挥调度，有针对性地将有效治理力量和资源汇聚到街道，加强了街道办事处的“统合平台”作用，突出街道在统筹解决基层治理难题中的“指挥棒”作用。通过执法力量下沉，赋予基层综合执法权，确保街道可以及时开展行政执法，使社区治理更加精细化、精准化，群众诉求解决更为高效、便捷。通过党建引领，使资源实现及时调度，职能得以及时补位，形成破解难题的合力，及时解决群众的急难愁盼问题，逐步实现未诉先办、不诉自办，助力打造人民至上的现代化基层治理“北京样板”。

截至 2021 年底，北京市共有 16 个区级行政区划单位；街乡镇行政区划单位 343 个，其中：街道 165 个、镇 143 个、乡 30 个、民族乡 5 个。北京市有村（居）委会单位 7206 个，其中：村委会 3784 个，社区居委会 3422 个。北京市共有社区服务机构 9799 个，其中：社区服务指导中心 16 个，社区服务中心 183 个，社区服务站 7185 个，其他社区服务机构 1154 个，社区养老机构和设施 1261 个。社区服务机构建筑面积共计 183.67 万平方米。①

（二）完善多元参与的基层治理机制

一方面，强化社区自治属性。社区是社会治理的基本单元，基层社区治理

① 《2021 年北京市社会建设和民政事业发展统计公报》，北京市民政局官网，http://mzj.beijing.gov.cn/art/2022/7/27/art_659_633016.html。

现代化是推进国家治理体系和治理能力现代化的基础工程，也是推进中国式现代化的具体实践。2019 年 12 月，《北京市社区工作准入管理办法（试行）》正式实施，对社区党建、民主自治、社区服务、平安建设、文化教育、环境卫生等 6 大类、19 项具体职责作出明确规范，有效减轻了社区行政工作负担，增强了社区自治服务功能。2020 年 12 月，北京市社会建设领导小组印发《北京市社区居民委员会设立标准》，按照四界清晰、规模适宜、配套齐全、人员配备标准优化调整街道社区规模，进一步加强基层群众性自治组织建设，提高社区精细化管理和精准化服务水平。2022 年 5 月，中共北京市委办公厅、北京市人民政府办公厅发布《关于加强基层治理体系和治理能力现代化建设的实施意见》，提出以加强基层政权建设和健全基层群众自治制度为重点，全面推进街道（乡镇）和城乡社区治理，推动党建引领、政府治理同社会调节、居民自治良性互动。一系列聚焦基层社区建设政策文件的出台和有效实施，“社区是个筐，啥都往里装”、社区“机关化”“行政化”、权责不匹配等问题得以有效解决，社区自我管理、自我教育、自我服务的自治组织属性得以强化，通过激发社区自治属性助力基层治理现代化的内在活力得到极大激发。

另一方面，织密社区共建网络。完善社会力量参与基层治理激励政策，建立社区与社会组织、社会工作者、社区志愿者、社会慈善资源的联动机制。引导和激励社会组织参与基层治理，支持党组织健全、管理规范的社会组织优先承接政府转移职能和服务项目。截至 2021 年底，北京市各类社会组织 12892 个，其中社会团体组织 4444 个、基金会组织 806 个、民办非企业单位 7642 个[①]，党建引领社会组织高质量参与基层治理得到长足发展。落实《北京市志愿服务促进条例》，大力培育发展城乡社区志愿服务组织，发挥志愿服务工作站作用。截

① 《2021 年北京市社会建设和民政事业发展统计公报》，北京市民政局官网，https://mzj.beijing.gov.cn/art/2022/7/27/art 263 633016.html。

至2022年底，北京市在“志愿北京”信息平台累计注册志愿者4581356人、志愿服务组织（团体）77574个，累计发布志愿服务项目605439个，累计志愿服务时长644103354小时，[①]“我为人人、人人为我”的志愿精神广为普及。

通过社区共建“同频共振”，实现“独奏”与“合奏”融合，唱响社区多元共治的和谐“交响曲”。“干部干，群众看，群众看着干部干”被“人人关注，人人参与”“跟着干”替代。“朝阳群众”“西城大妈”“海淀网友”“丰台劝导队”、街巷长、小巷管家、责任规划师等一大批助力基层治理的特色组织和群体不断涌现，绘就多元共建社区治理现代化的和谐蓝图。

（三）打造大型社区治理的“回天”样本

大型社区治理现代化是超大城市治理现代化的重要课题，也是城市治理理念与路径现代化的重要试验场。北京市坚持以人民为中心的发展思想，解决人民群众急难愁盼问题，不断提升人民群众生活品质。从2018年开始，北京市委、市政府启动实施了“回天”地区公共服务设施提升三年行动计划，从基础设施的硬件建设到基层治理的软件创新入手，整体环境质量显著提升，社会治理活力明显激发，民生保障的基础进一步夯实，探索出一条切实有效的超大社区治理现代化之路，打造了破解超大型社区治理难题的“回天”样本。

第一，坚持党建引领，实现多方共治。做实三级党建协调委员会，召开各级协调会议，协商解决各类问题。“回天有我”“回天行动”聚集起政府部门、基层组织、社区党员、社区居民、社会组织、辖区企业等多方参与的合力，共建共治共享理念深入人心。“你和我曾远隔千里，是缘分相聚在一起，你我齐心

① 《2022年度北京市志愿服务信息统计报告》，北京市民政局官网，https://mzj.beijing.gov.cn/art/2023/2/13/art_371_639110.html。

扮靓它，一点一滴正在变化”，《回天有我》广为传唱。

第二，民生保障，夯实基础工程。“回天行动”直面区域发展存在的上学难、就医难、交通堵、环境差等突出问题，实施两轮行动计划，市区联动推动多领域重大项目落地，有效解决城市发展痛点。重点实施教育、医疗、交通、文体、绿化、市政设施、社会管理等领域200多项工程，满足群众吃、穿、住、用、行等生活需求，以及科、教、文、卫、体等公共服务需求，“一刻钟服务圈”实现全覆盖，民生保障基础工程不断强化。

第三，创造就业环境，破解“睡城”难题。建立产业集群，努力形成特色产业集聚区，实现职住平衡。天通科技园入驻的企业员工80%居住在周边区域，探索了一条职住平衡的成功经验。配置人才公租房，精准对接未来科学城“两谷一园”企业员工住房需求，保障人才北向回流、就近就业。下一步，“回天地区”将发挥未来科学城促进就业作用，打造以“回天地区”为中心、10千米为半径的职住平衡样板区，有效破解“睡城”痛点，实现“回天有业”。

知识链接：“回天地区”

“回天地区”是指北京市昌平区回龙观地区、天通苑地区，形成于20世纪90年代后期，后经规划调整拆分形成六街一镇，即回龙观街道、龙泽园街道、史各庄街道、霍营街道、天通苑北街道、天通苑南街道、东小口镇。“回天地区”地域面积63平方千米，人口达80多万，共有113个社区。

四、科技赋能治理，为现代化城市插上智慧翅膀

面对新技术的不断迭代更新，北京市大力推动大数据、云计算、人工智能、区块链等现代科技与城市治理深度融合，打造数据驱动、人机协同、跨界融合、共创分享的城市智能化治理新模式，为城市现代化治理提供智治支撑，提高城市治理智能化水平。

（一）适度超前布局智能集约融合基础设施

北京市持续扩大5G网络建设规模及覆盖范围，超前布局6G、超导量子等前沿技术，积极推进千兆宽带接入网络建设，加快部署基于IPv6的下一代互联网，冬奥会（北京赛区）、城市副中心等重点区域实施了光缆建设。累计建设5G基站9.26万个，每万人拥有5G基站数42.3个，位居全国第一，五环内5G基站全覆盖，五环外重点区域和典型场景精准覆盖。千兆光纤覆盖率达到90%以上，千兆光网用户占固定互联网宽带接入用户总数的17.3%。[①] 超前布局标杆基础设施，筑牢数字城市基础底座，建设云、网、算力、大数据平台等基础设施方面

① 潘福达：《北京数字经济规模持续攀升》，《北京日报》2023年7月8日。

的“七通一平”，支撑城市数字化、智能化转型。

知识链接：

“七通一平”，即城市码、空间图、基础工具库、算力设施、感知体系、通信网络、政务云以及大数据平台（简称一码、一图、一库、一算、一感、一网、一云、一平），是智慧城市建设中相互贯通的共性基础平台设施。

算力是现代化城市治理的新型“智”撑。北京市不断夯实算力基础，统筹推进市区两级算力中心建设，汇聚云厂商和本地算力。建设公共算力服务平台，形成统一服务窗口，支持算力平台企业拓展应用，提升北京市集约化、规模化、专业化的算力能力。以商业化运营为主、政府适度补贴为辅，满足未来 5 至 10 年北京市人工智能企业对算力的规模化需求。

（二）推进政务事项智能化办理

北京市构建智能集约的政务平台支撑体系，推进政务服务智能化，为现代化的政府治理插上智慧的翅膀。电子印章、电子证照、电子档案的完善，支撑政务服务“一网通办”。目前，98.81% 的市级事项和 97.82% 的区级事项实现了“全程网办”①，开办企业已全面实现“一表填报、一网提交、一窗办理、一天全办好、一照通用”②。市场监管部门建立了集申请、受理、审批、电子证照于一体的“质量监督网上政务服务平台”，为申请人提供网上咨询、网上申请、网上受

① 任珊：《政务服务智能化让群众办事更便捷》，《北京日报》2022 年 11 月 7 日。

② 陈琳：《一次办好！北京“证照联办”模式推广至书店、门诊部等 11 个场景》，新京报官网，https://www.bjnews.com.cn/detail/168532725614995.html。

理等全流程在线服务，实现了线上“一网通办”、线下“只进一扇门”、现场办理“最多跑一次”。

北京市在政务咨询、政策服务、接诉即办、政务办事等工作中率先实现大模型技术赋能，支撑“京策”平台优化政策规范管理和精准服务，自动分析市民服务热线12345接诉即办海量数据，围绕政府网站构建智能问答、在线导办等场景，更高效回应市民诉求，实现服务精准供给，满足群众美好生活需要，共享城市现代化发展成果。

（三）“一网统管”实现精细治理

北京市充分利用新技术建设环卫、燃气、供热、地下管线等信息化系统，通过城市运行调度指挥平台“一网统管”实时监测城市运行情况。加强网格化城市管理，开展“城市生命线”实时监测物联网应用示范工程。在60座下凹式立交桥下布设了电子水位计、智能化气象站等新式积水监测设备，实时监测积水状态和区域气象水文数据，为政府提供决策帮助。① 利用道路尘负荷走航监测技术，对道路扬尘进行精细化监控，北京市各区 $PM_{2.5}$ 年均浓度全部达到国家空气质量二级标准。市场监管部门建设了药品监管“一张图”，建立药品质量追溯体系，搭建药品物流在线实时监控系统，随时查询药品批发企业进销情况。

智慧交通助力出行畅通无阻。建设交通行业“人、车、路、货”全方位感知体系，基本实现公共交通客流监测、重点营运车辆卫星定位监控、道路监测等交通感知设备全覆盖。搭建交通行业大数据中心，提高交通管理智慧化水平。推动定制公交、预约出行、共享单车、汽车分时租赁等多样化绿色出行模式。

① 任珊：《60座下凹式立交桥安装新式积水监测设备》，《北京日报》2023年6月10日。

人工智能高端测试设备在交通信号灯管理、应急监测、生态环境保护中得到推广应用。一些红绿灯路口用算法优化信号灯调度后，路口车辆排队长度下降 30.3%[①]，大大提升了路口通行效率。

北京现代化智慧城市发展格局基本形成，经过长期投入，枢纽作用集中显现。海淀、朝阳、亦庄、通州、西城、东城等区已开始或完成“智慧城市大脑”相关部署工作。海淀区以科技资源优势，率先在北京市完成了城市大脑基础框架体系，海淀城市大脑各领域应用场景涉及海淀区 16 个委办局及 27 个街镇，城市治理领域建成四个板块共 55 个应用场景，对政府治理、企业发展和百姓服务起到了重要的推动作用。北京市现代化智慧城市发展格局将为市域治理现代化提供“智治”支撑，为北京率先基本实现社会主义现代化赋能“智治”力量。

---

① 刘洋：《市民体验“绿灯自由”车均延误率下降近三成》，《北京日报》2022 年 5 月 26 日。

第九章

深化改革
高水平开放加速度

改革开放是当代中国发展进步的活力之源。“天行健，君子以自强不息。”自党的十八届三中全会开创我国改革开放全新局面以来，北京市始终屹立潮头，争做“排头兵”，不断以深化改革扩大开放，以扩大开放促进深化改革，为首都高质量发展注入新动力、增添新活力、拓展新空间。

一、推进“两区”建设，搭建立体化开放体系

“两区”建设是服务构建具有首都特点的现代化经济体系的重要支点。在中央大力支持下，北京市高标准推进“两区”建设，首年“跑出加速度”，国务院批复方案中的任务落地实施达90%以上；次年“增强显示度”，在国家服务业扩大开放试点示范评估中名列参评省市首位，不断以首善标准打造高水平开放新高地，在服务国家战略和首都高质量发展方面取得系列成效。

知识链接：北京“两区”

北京“两区”是指国家服务业扩大开放综合示范区和中国（北京）自由贸易试验区。在2020年中国国际服务贸易交易会上，习近平总书记亲自宣布支持北京建设国家服务业扩大开放综合示范区和以科技创新、服务业开放、数字经济为主要特征的自由贸易试验区。

（一）制度创新引领开放

“小智治事，大智治制。”党的二十大报告提出，“稳步扩大规则、规制、管

理、标准等制度型开放”，为我国高水平对外开放指明了努力方向和实现路径。北京市深刻领会制度型开放的重大意义和重要内涵，借助“两区”建设，积极推进高标准规则衔接和制度创新。

1. 对标国际规则，抓住开放红利

制度型开放要求在制度层面“引进来”，主动加大与国际规则接轨的力度。北京市坚持全球视野，积极研究与区域全面经济伙伴关系协定（RCEP）、数字经济伙伴关系协定（DEPA）以及全面与进步跨太平洋伙伴关系协定（CPTPP）等国际经贸规则落地实施相衔接的政策创新。

2022 年，北京市商务局印发《把握 RCEP 机遇 助推“两区”高水平发展行动方案》，在对标 RCEP 协议框架结构、规则内容基础上结合北京市产业基础和外向型经济现状，从重点领域入手，形成一揽子政策举措，推进与 RCEP 成员国之间的经贸合作。例如，北京海关组建“RCEP 业务研究小组”，举办线上和线下专题培训，推出“智能审核”“自助打印”“就近签证”“RCEP 绿色通道服务专窗”等，助力企业享受协定关税减让红利。

案例：RECP 助力企业打通出海新航道

北京博格华纳汽车传动器有限公司是北京海关首家 RCEP 项下申报进口享惠的经营单位，使用 RCEP 原产地证书，税率降至 6%，比中韩自贸协定该商品税号的协定税率 7.8% 更加优惠。2022 年，该公司共计申报 RCEP 项下进口享惠报关单 51 票，优惠税款 397.05 万元人民币，在海外市场的竞争力获得进一步提升。

2. 全国首创政策，激发开放活力

作为全国唯一拥有“两区”叠加优势的城市，北京“两区”建设的重要使

命之一，就是通过政策先行先试，形成一批可复制可推广的经验，继而上升为国家改革的规则或者制度，并为全球经贸规则的制定贡献“中国主张”“中国方案”。

全国首创技术转让所得税优惠政策试点，全国率先实施高新技术企业认定“报备即批准”政策试点，全国率先落地证券业、期货业过往资历认可机制，全国首个跨境数据托管服务平台投入使用……“两区”建设以来，北京市制度和政策创新成果不断涌现，已累计形成近 200 项全国首创性、突破性开放创新举措，有 55 项最佳实践案例和经验向全国复制推广。①

“栽下梧桐树，引得凤凰来。”在深层次、集成式政策创新引领下，北京持续释放开放动能，一批行业领军企业、头部企业落户北京，首创性、引领性、示范性项目纷纷落地。两年来，北京市招商引资项目库累计入库项目 9300 余个，落地出库 5700 余个，涉及投资额近 1.4 万亿元，近 200 个标志性项目和功能性平台落地。②

（二）“产业 + 园区”协同开放

在“两区”建设中，自贸区发展限定在科技创新片区、国际商务片区、高端产业片区三大功能板块区域，是一种没有限定产业领域的开放模式；而服务业扩大开放综合示范区则聚焦服务业重点领域，是一种在北京市范围内没有限定具体区域的开放模式。北京市将两种开放模式结合起来，以“产业开放 + 园区开放”双轮驱动，形成条块结合、特色鲜明、多点支撑的开放格局。

---

① 殷勇：《政府工作报告——二〇二三年一月十五日在北京市第十六届人民代表大会第一次会议上》，《北京日报》2023 年 1 月 28 日。

② 刘美君：《北京“两区”建设加速跑，9300 余个入库项目投资近 1.4 万亿元》，千龙网，https://www.sohu.com/a/639079540161623。

1. 聚焦重点领域，探索全产业链开放

配置健全且合理完善的产业链体系是构建新发展格局的关键。面对加快建设现代化产业体系的重要任务，北京市持续探索全产业链开放创新发展，通过重点领域产业链“固链、延链、补链和强链”，推进形成具备首都特色的高质量现代化产业集群。

瞄准科技创新、生物医药等主导产业，实施开放赋能，促进国际合作，破解体制机制难题，筑牢产业发展根基。2022 年 2 月，《北京市生物医药全产业链开放实施方案》正式实施，这是针对北京“两区”建设出台的第一个全产业链开放实施方案。聚焦解决全产业链的堵点、难点、痛点，推出了 17 项 50 条改革措施，为北京生物医药产业跨越式发展提供政策支撑。例如，实施生物医药企业研发用物品进口“白名单”制度，从根本上解决研发用物品进口的瓶颈问题。

瞄准绿色金融、数字经济等战略性新兴产业，实施开放铸链，通过培育产业生态，打造应用场景，创新监管机制，加快构筑新的增长极。以绿色金融为例，近年来，北京市不断完善绿色金融政策体系、持续升级绿色金融基础设施、创新供给绿色金融产品，推动绿色金融发展驶入“快车道”。2022 年，辖区内主要中资银行绿色信贷余额 1.67 万亿元，同比增长 20.12%，高于全辖各项贷款增速 11.83 个百分点；[①] 非金融企业（含央企）全市场发行绿色金融债券超 1900 亿元，发行量居全国首位。[②]

---

① 慈玉鹏：《绿色信贷势头向上　多地增幅额度同比超过 20%》，中国经营网，http://www.cb.com.cn/index/show/jr1/cv/cv12521545235。

② 李博：《专访北京市地方金融监督管理局党组书记、局长李文红：引领首都金融业全力稳经济促发展》，人民网，http://bj.people.com.cn/n2/2023/0207/c14540-40292146.html。

知识链接：北京绿色交易所

北京绿色交易所（原名北京环境交易所）于2008年8月经北京市人民政府批准设立，是气候司备案的国家自愿减排交易机构、北京市政府指定的碳交易试点交易平台。作为北京绿色金融基础设施的关键主体，北京绿色交易所参与起草由中国证监会发布实施的《碳金融产品》标准，发起制定中国首个自愿减排标准“熊猫标准”，参与起草人民银行《环境权益融资工具》等绿色金融行业标准，推进企业碳账户和绿色项目库系统建设，各类碳资产交易在国内碳市场居于前列。北京以绿色交易所为关键，通过打造国家级绿色交易所，全面升级绿色金融基础设施。

瞄准时尚消费、美丽健康、离岸贸易等细分行业，不断扩大开放，疏通政策堵点，强化特色优势，形成一批小而美的产业。例如，北京市商务局联合多部门通过政策“会诊”制定并发布《北京市促进离岸贸易创新发展的若干措施》，填补了关于离岸贸易的政策空白。同时，针对“离岸贸易真实性难以判定”等痛点，在北京大兴国际机场临空经济区上线新型国际贸易公共服务平台“京贸兴”，以数字化手段提升金融机构对企业离岸贸易背景的核验能力，促进跨境资金结算便利。

2. 依托重点园区，增强区域开放承载力

园区是“两区”建设的重要载体，也是“两区”建设成效展现的重要窗口。北京市鼓励差异化发展，在北京市各区累计选取20个重点园区，建立市领导联系重点园区工作机制，以“政策会诊”和“功能提升”为抓手，进一步优化重点园区功能定位和产业规划，不断增强开放承载力。

当前，各类园区特色逐步彰显，多层次承载格局初步形成。例如，在科技创新片区，海淀、昌平两个组团大力发展新一代信息技术、生物与健康、科技服务等产业，重点推进数字经济、创业投资和科技创新发展。2023 年一季度海淀组团创新动能强劲，六成以上企业开展研发创新活动，研发投入强度超 15%，居各组团之首；昌平组团则在医药健康领域持续发力，相关企业研发投入强度高达三成以上。[①] 而在文化旅游类园区中，通州文化旅游区和隆福寺地区围绕文化体验消费尽放光彩。其中，环球影城成为通州文化旅游区的标志性项目，开业一周年迎客即超 1300 万人次，周边产业收入同比增加 367.4%；隆福寺地区打造多功能城市文化生态空间，使新文化、新空间、新娱乐、新体验的新业态成为区域发展新亮点。

---

① 陈雪柠：《一季度“两区”重点园区（组团）贡献北京市近三成收入　特色园区多层次承载格局初步形成》，《北京日报》2023 年 7 月 13 日。

二、办好“四平台”，促进高水平对外开放

对外开放平台是联通国内国际双循环、拓展中国式现代化发展空间的前沿阵地。中国国际服务贸易交易会（以下简称服贸会）、中关村论坛和金融街论坛、北京文化论坛共同构成北京对外开放“四平台”。北京市坚持共商共建共享的全球治理观，瞄准世界经济和科技发展前沿，全力打造全球具有影响力的服务贸易展会，打造全球性、综合性、开放性科技创新高端国际论坛，打造国家金融政策权威发布平台、中国金融业改革开放宣传展示平台和服务全球金融治理对话交流平台，打造促进文化交流、文明互鉴的北京文化论坛。当前，中国国际服务贸易交易会已成为国家级对外开放三大展会平台之一，中关村论坛、金融街论坛、北京文化论坛影响力持续扩大，不断推进北京开放型经济达到新水平。

（一）永不落幕的服贸会

中国国际服务贸易交易会由中华人民共和国商务部和北京市人民政府共同举办，是全球规模最大的服务贸易领域综合型展会，也是我国对外开放的重大展会平台。其前身是诞生于 2012 年的中国（北京）国际服务贸易交易会（简称

京交会），2019 年更名为中国国际服务贸易交易会。十多年来，服贸会始终坚持和平、发展、合作、共赢，与世界各国共襄服务贸易美好未来。

“福燕”行万里，首都聚新朋。自举办以来，服贸会累计吸引 196 个国家和地区的 60 余万展客商、600 余个境外机构和商协会参展参会、洽商合作。从 2012 年成交额 601.1 亿美元到 2019 年成交额 1050.6 亿美元，从 2020 年 5926 家企业参展到 2022 年 10000 余家中外企业参展，服贸会的国际“朋友圈”和影响力不断扩大。

十年服贸会，十年发展路。作为主办方，北京市坚持完整、准确、全面贯

服贸会首钢园展区开展，展商和游客在工业建筑改造的园区内参观交流（邓伟　摄）

彻新发展理念，以开放促改革、促发展，主动服务和融入新发展格局。2022 年，北京服务贸易进出口总额达到近万亿元人民币，同比增长 4.9%，服务贸易占对外贸易比重达到 21.4%，高出全国平均 9 个百分点。①2022 年，服贸会“北京日”活动期间，58 个项目集体签约，累计签约金额 1024 亿元，进一步为首都高质量发展注入新的活力。

展会连升级，开放创新高。2019 年更名后，服贸会由两年一办调整为一年一办。2020 年新冠疫情暴发，服贸会创新采用“线上 + 线下”“综合 + 专题”的会展方式。2021 年服贸会开启“一会两馆”办会模式，首次在国家会议中心和首钢园共同举办。2022 年服贸会新增国家会议中心二期作为展览场地，展区总面积扩大 2.6 万平方米，又吸引来近 200 家参展商。在总结以往筹办的基础上，服贸会不断开拓创新办展办会思路，以更高标准、更高质量全力打造对外开放的“北京样板”。

（二）中关村论坛引领科技发展

中关村论坛以“创新与发展”为永久主题，自 2007 年创办以来，历经十余年发展，已成为全球性、综合性、开放性的科技创新高端国际论坛。论坛聚焦国际科技创新前沿和热点问题，每年设置不同议题，开展论坛会议、技术交易、展览展示、成果发布、前沿大赛及相关配套活动，不断传播新思想、提炼新模式、引领新发展，充分展现了我国通过科技创新和开放合作破解全球发展难题的能力与信心。

紧扣科技发展前沿是中关村论坛的一大特点。2023 年，论坛以“开放合

① 何倩、乔心怡：《2023 服贸会：高出全国平均 9 个百分点，北京服务贸易发展位居全国前列》，北京商报网，https://m.bbtnews.com.cn/content/2d/1d/311953.html。

作·共享未来”为年度主题，吸引了来自全球 86 个国家和地区的 5000 余名科学家、企业家、投资人、创新创业者参会。包括 17 位诺奖级嘉宾在内的近 120 位顶尖专家发表高水平主旨演讲，650 余家中外企业、机构展示最新成果，7000 多项高质量科技成果、创新项目在此寻求合作。可以说，中关村论坛已经成为引领科技创新和未来产业发展的风向标。2024 年，中关村论坛永久会址主会场将正式亮相，作为首都“科技会客厅”继续书写中关村创造的传奇，见证我国深化科技创新合作的开放实践。

2023 中关村论坛开幕式上，北京国际科技创新中心建设十项重大科技成果发布，涉及区块链、半导体黑磷、人体细胞、量子计算等众多前沿领域，向世界展示了中国科技的顶尖水平。这一系列成果的背后是北京市科技创新实力的不断提升。过去五年，北京市研发投入强度保持在 6% 左右，超过纽约、柏林等国际知名创新城市；专利授权量年均增长 13% 左右，万人发明专利拥有量达 218 件，居全国第一；中关村示范区企业总收入年均增长 10% 以上，2022 年达

2023 中关村论坛开幕式（蔡代征　摄）

8.7 万亿元，占到全国国家高新区的 1/6。[①] 以中关村为“主阵地”，北京科技创新创业生态“枝繁叶茂”，平均不到 5 分钟就有一家科技企业诞生。当前，102 家独角兽企业、两个万亿级产业集群和五个千亿级产业集群，正加速释放着这座城市的发展动能。

（三）金融街论坛发出“中国声音”

金融街论坛创立于 2012 年，由北京市金融工作局和西城区政府共同举办。2020 年，论坛年会升格为国家级、国际性专业论坛，由北京市政府与中国人民银行、新华社、中国银保监会、中国证监会和国家外汇管理局共同主办，形式也由一年一度的线下会议变成“一主 N 分多沙龙”的月月有活动、周周有声音的云端盛会，成为北京市高质量发展和对外开放的重要平台和专业品牌。

砥砺十余年，金融街论坛见证中国参与全球治理程度不断加深。金融街论坛始终把促进和深化金融领域全球交流合作作为重要职责，从诞生之日起，便与国家金融改革发展紧密相连，见证了中国金融业改革发展的十余年历程。论坛不断面向国际发出“中国声音”，成为中国参与全球金融治理的重要窗口。2022 金融街论坛年会以“踔厉奋发，共向未来——变局下的经济发展与金融合作”为主题，全球近 400 名重量级嘉宾围绕当前经济金融热点话题展开讨论。作为“中国金融改革发展风向标”，论坛亦释放出我国金融管理部门将在服务实体经济、深化金融改革、防范金融风险等方面发力，全力推动金融业高质量发展等重要信号。

平台助力，全面提升首都金融品牌影响力。北京市持续提升金融街论坛年会影响力，并借助论坛系列活动，积极宣传介绍金融街营商环境、政策创新和

---

① 殷勇：《政府工作报告——二〇二三年一月十五日在北京市第十六届人民代表大会第一次会议上》，《北京日报》2023 年 1 月 28 日。

开放成果，展现金融街承接国家金融开放任务的优势。当前，2.69 平方千米的金融街集聚了各类金融机构 1900 余家、重点金融机构 800 余家、总部企业 175 家；驻区金融机构资产规模超过 140 万亿元，占全国 1/3；贡献了北京市近 40% 的金融业增加值和北京市 65% 的金融业三级税收，是我国高端产业聚集度最高、金融人才最聚集、人民币资产流量最大、税收贡献最为突出的区域。①

2023 金融街论坛年会（方非　摄）

（四）北京文化论坛促进文化交流、文明互鉴

举办北京文化论坛，是落实首都城市战略定位、服务社会主义文化强国建设的一项重要举措。首届北京文化论坛于 2022 年 7 月 25 日至 26 日举办，以

① 《十六区"一把手"谈贯彻落实党的二十大精神系列主题新闻发布会（第十三场）——西城区专场》，光明网，https://m.gmw.cn/toutiao/2023-07/13/content1303438370.html。

“传承·创新·互鉴”为永久主题，以“推动文化创新 赋能美好生活”为年度主题。在“两个大局”深刻演进之时，北京举办高质量的文化论坛，展现了文化自信心，彰显了文化自信力，持续掀起京城文化热。2023年9月14日至15日，由中宣部和北京市委、北京市人民政府共同主办的2023北京文化论坛成功举办。习近平总书记专门发来贺信，深刻阐明了中华民族开放包容、兼收并蓄的文化胸怀和中华文明的突出特性，鲜明宣示中国将践行全球文明倡议、加强同全球各地文化交流、共同推动文化繁荣发展的坚定决心和政策主张。此次论坛以“传承优秀文化促进交流合作”为年度主题，邀请42个国家和地区的600多位中外嘉宾参加、安排50多场嘉宾演讲和圆桌对话、设计4条观摩路线、促成52个项目签约、发布多项重大成果；举办“文化之光北京之约”文艺晚会、“大戏看北京”2023展演季、“我与地坛”北京书市等文化活动，为群众奉献了一场浸润心灵、欢乐祥和的文化盛宴，全面生动展示了北京贯彻落实习近平文化思想结出的丰硕成果。

在2023北京文化论坛文艺晚会上，节目《同舟》利用首钢大跳台的舞台格局，营造出文明之河的壮观景象，来自中国、希腊、埃及、伊拉克、印度的演奏家们，同乘一叶小舟，用诞生自中国先秦时期的古琴、古希腊时期的里拉琴、古埃及时期的奈伊笛、古巴比伦时期的乌德琴、古印度时期的木丹加鼓，奏响人类文明的和谐之音。正如这个节目反映的，北京文化论坛搭建起了文明交流互鉴的重要平台。联合国教科文组织执行局主席塔玛拉·拉斯托瓦·西亚马什维利表示，从旅游、教育到娱乐、科研，诸多领域受益于文化的繁荣，此次北京文化论坛将促进达成新共识，探索文化领域新合作，带动文化进一步繁荣发展。面向未来，北京将以更加开放包容的姿态融入世界，使北京文化论坛成为文化建设成果的展示平台、文化建设经验的交流平台、文化创新发展的合作平台、讲好中国故事的传播平台。

三、深化“放管服”改革，打造国际一流营商环境

营造一流营商环境是实现高质量发展、推进中国式现代化的重要基础和关键一环。北京市认真落实党中央、国务院关于深化“放管服”改革优化营商环境的决策部署，对标先进、锐意改革、奋勇争先，以“顶层设计 + 压茬推进”的改革模式，滚动出台优化营商环境 1.0—6.0 版 6 版 1270 余项改革举措，高效实施《关于北京市全面优化营商环境打造“北京服务”的意见》，实现营商环境从“跟跑”到“领跑”的跃升。在中国营商环境评价中，综合排名连续 3 年保持全国领先。

（一）持续领跑的“北京效率”

2018 年优化营商环境三年行动计划开展以来，北京市持续深入推进简政放权改革，累计精简行政审批事项超 60%、申请材料减 74%、减证明 248 项、办理时限压减 71%，企业开办、不动产登记等多个领域率先实现一天办结。[①]

① 殷勇：《政府工作报告——二〇二三年一月十五日在北京市第十六届人民代表大会第一次会议上》，《北京日报》2023 年 1 月 28 日。

案例：拿地即开工

2021年，小米智能工厂二期项目启动。按照常规流程测算，从启动征地到实现供地至少需要240天，但在市级有关部门、昌平区和小米集团多方联动、协同作战的情况下，实际上只用84天时间就完成了征地拆迁、转非安置、手续审批、入市验收等工作，开创了多个“一天完成多项审批任务”的先例，探索形成了“拿地即开工”的新模式。

根据世界银行评估，北京开办企业、获得电力、登记财产、保护中小投资者、执行合同等5个营商环境分指标都进入全球前30名。以获得电力为例，2018年北京市在全国首推小微企业接入电力“零审批、零上门、零投资”服务，企业不用投资，由电力公司负责建设，更不再需要跑手续，审批时长压缩至15天。这项举措让北京在世界银行《2020营商环境报告》“获得电力”指标中获得95.4的高分，达到全球最佳水平。2020年，北京市又在全国率先推行“非禁免批”改革，除禁止区域外，免除低压电力“三零”服务客户占掘路行政审批；后续还明确将35千伏及以下高压电力接入工程的占掘路审批纳入“非禁免批”范畴，直接让审批时长变成0天。

（二）体验卓越的“北京服务”

北京市着力构建高效运行的政务服务体系，用心用情用力帮助企业排忧解难。

一是深入推进“一网、一窗、一门、一次”改革，让企业办事更加便利。目前，北京市90%以上的政务服务事项进驻政务服务中心，实现“一窗”综合办理，98.8%的市级政务服务事项实现“全程网办”。同时，市区两级首批推出

37 项“一件事”应用场景，将多个部门相关联的“单项事”整合为企业和群众视角的“一件事”，不断推进“一件事一次办”集成服务。

二是打造 12345 优化营商环境热线，让企业有更多获得感。2019 年 10 月 12 日，12345 热线增设企业服务功能，按照企业事项的不同类型，实行“即时、3 天、7 天、15 天”四级办理反馈时限管理，做到企业提出的诉求“件件有落实、事事有回音”。2023 年，12345 企业服务热线受理企业诉求 6.3 万件，响应率 99.96%、解决率 94.14%、满意率 97.24%，[①] 让企业享受到接诉即办的“市民服务”。

三是创新“服务包”制度，打造企业“管家式”服务。不同企业有不同的难题，所需要的服务也不尽相同。为此，北京市建立市、区、街（乡镇）三级服务管家机制，为企业送上“服务包”。一方面，根据企业定位提供普惠性政策集成，解决信息不对称问题；另一方面，针对企业发展中需要协调帮助的困难，依法依规量身定制解决方案。2022 年“服务包”企业在金融、人工智能、集成电路、先进制造等重点领域新设机构 304 家、注册金额 1846.6 亿元，落地重大项目 146 个、投资 502.4 亿元，成为首都经济高质量发展的重要力量。[②]

（三）创新领先的“北京标准”

一方面，聚焦“办好一件事”，持续开展政务服务事项标准化和持续优化工作。2016 年起，北京市制定了《北京市政务服务事项规范》《北京市政务服务事项办事指南规范》和《政务服务“办好一件事”规范指引》等系列标准，并出台《北京市政务服务标准化管理办法》，由市级部门负责全面梳理编制本领域覆

---

① 《关于北京市 2023 年国民经济和社会发展计划执行情况与 2024 年国民经济和社会发展计划的报告》，《北京日报》2024 年 2 月 1 日。

② 潘之望：《凝心聚力推动首都高质量发展》，《北京日报》2023 年 1 月 17 日。

盖市、区、街道（乡镇）以及延伸到社区（村）办理的政务服务事项基本目录清单和实施清单，实现事项名称、基本编码、事项类型、设定依据、受理条件、服务对象、办理流程、所需材料、法定办结时限、承诺办结时限、收费依据、办理结果等12要素内容保持统一，同一政务服务事项在同等条件下同标准受理、无差别办理。

另一方面，聚焦“管好一件事”，持续推进以信用为基础、以风险为核心、以场景为抓手的标准化监管。2022年，北京市率先探索推进“6+4”一体化综合监管，在餐饮、物流、养老等31个场景初步建立多部门协同综合监管体系，开展“一业一册”“一业一单”“一业一查”“一业一评”规范化监管。例如，经开区以“七小”门店为试点场景，对辖区内900余家“七小”门店进行“风险+信用”等级评估，并按照不同等级评定结果对各门店进行差异化监管，检查时“按照检查单走流程”，并配发内容明确易懂的合规手册折页，实现检查减“量”、监管提“质”。

知识链接：“6+4”一体化综合监管体系

2022年北京市政府工作报告中提出，要打造“无事不扰、无处不在”的“6+4”一体化综合监管体系。“6”即实施风险监管、信用监管、分级分类监管、协同监管、科技监管、共治监管6项基本制度。“4”指“一业一册”“一业一单”“一业一查”“一业一评”4项工作机制。其中，“一业一册”即针对一个场景，整合各方面监管要求和标准，制定综合监管合规手册；“一业一单”即针对一个场景，整合相关部门检查要求，制定统一检查单，各部门按照统一检查单开展检查；“一业一查”即对同一类市场主体统筹开展检查；“一业一评”即针对每个场景中市场主体开展“风险+信用”综合评价，并鼓励第三方信用评级机构开展行业评价。

（四）示范引领的“北京诚信”

北京是诚信和谐的首善之区，也是全国最早启动社会信用体系建设的地区之一。近年来，北京市不断完善信用规范、推进信用应用、强化信用监管，高水平支撑营商环境改革建设。在国家营商环境评价中，北京市信用建设水平被评为全国第一，同时政务诚信建设被世界银行采纳发布为优化营商环境的“北京经验”。

一是政务诚信做表率。着力构建政务诚信评价、政务诚信监测、政务失信投诉举报、重点领域政务失信补偿救济、政务失信治理的全链条政务诚信工作机制，并持续推进政务诚信监测。例如，2022 年组织开展了对 28 个部门和 16 个区的监测试点，并组织各区开展对街道乡镇的政务诚信监测工作。

二是信用园区立标杆。在朝阳、大兴、房山区组织开展“北京信用管理服务创新先导园区”试点，发挥信用在园区企业管理与服务中的作用。例如，大兴临空区建立综合信用评价体系，对行政相对人开展精准评判，并将信用评价结果与行政审批改革创新联动，实行分级分类管理，形成了以顺丰“两天拿三证”、京东“一天拿三证”、南洋“一次不用跑”等为代表的一批高效审批案例。

三是信用企业享红利。自 2018 年起，中关村企业信用促进会联合中关村发展集团、北京市中小企业公共服务平台等单位，共同开展“信用领跑行动”，帮助企业提升信用意识、规范信用管理、积累信用行为、享受信用红利。2022 年，信用领跑行动覆盖 4000 余家企业，遴选出 2022 年度信用领跑企业 347 家、信贷重点支持白名单企业 1078 家，帮助有需求的企业实现“以信用促融资，以融资促发展”。

四、坚持“两个毫不动摇”，激发各类市场主体活力

市场主体是社会主义市场经济的微观基础，是经济社会发展的力量载体。激发市场主体活力，是深化供给侧结构性改革的主要动力和目标导向之一，也是建设现代化经济体系、促进我国经济高质量发展的关键举措。“十四五”规划明确将“市场主体更加充满活力”作为我国经济社会发展的重要目标，将“激发各类市场主体活力”作为全面深化改革的重要任务。据北京市市场监督管理局统计，截至 2023 年 12 月末，北京市市场主体存量 255.64 万户，充分激发各类市场主体活力对推动首都高质量发展和构建新发展格局具有重大意义。

（一）深化国资国企改革

国有企业是中国特色社会主义的重要物质基础和政治基础，是党执政兴国的重要支柱和依靠力量。北京市始终把实施国企改革作为重大政治任务。2020 年以来，北京市委、市政府紧跟中央步伐，精心谋划、周密部署、统筹推进国企改革三年行动计划，为首都国企高质量发展注入强劲动力。截至 2022 年，市管企业资产总额超 15 万亿元。

首先，以战略性重组优化国有资本布局。国企改革三年行动计划实施以来，

北京市市管企业主业由117项优化至59项，累计清退563户“两非”“两资”。“两非”指非主业、非优势；“两资”指低效资产、无效资产。处置889户“僵尸企业”，并先后推动8家一级企业实现合并重组，全面提升了国企服务首都发展的能量能级。[①]例如，京能集团牵头组建北京健康养老集团，助力首都养老事业和养老产业协同发展；金隅集团以冀东水泥为平台实施了京津冀水泥产业重组，稳定了北方水泥市场；首农食品集团整合76家二级企业至29家，9家子企业成为规模超百亿的细分领域“龙头”。

其次，以市场化改革提升企业经营活力。首都国资企业按照“产权改革是基础、公司治理是核心、选人用人是关键、激励约束是保障”的改革思路，持续推动市场化机制各项举措走深走实。一是通过混合所有制改革深度转换企业经营机制。包括借力资本市场，推动建工修复、京城佳业9家公司上市；推动252家国有企业引入京东、宁德时代等战略投资者超900亿元非公资本；推动首钢绿能、首创水务、华夏保障房等成功发行基础设施公募REITs。二是深化市场化选人用人机制。全系统1.5万名经理层成员全部实现任期制和契约化管理，其中，老字号企业红星股份通过引入职业经理人，6年来企业净资产、利润分别增长了4倍和20倍。三是优化以价值为导向的激励约束机制。累计推动32家企业开展股权和分红激励、13家企业实行员工持股。通过实施中长期激励，北方华创离职率由15%下降至2.7%，华腾橡塑净利润增长258%。

最后，以自主化创新提升企业核心竞争力。北京市国资委不断完善创新政策体系，出台“五加一减一保障”创新支持政策，不断推动国有企业持续提升自主创新能力和核心竞争力。2022年，首钢集团和北汽集团2家企业进入世界500强，13家企业进入中国500强。2家企业入选全球“灯塔工厂”，高新

---

① 《向改革要动力 以创新添活力——市管企业资产总额超15万亿元》，《北京日报》2023年6月6日。

技术企业数量达到610家，另有16家入选国家级“专精特新”小巨人企业。此外，北京国企在半导体显示产业产能规模和市场占有率位居全球第一，集成电路装备产业国内规模最大，水泥产能居国内第三，在节能环保、污水处理、新能源汽车等领域形成了一批行业领军企业，市管企业高精尖产业营业收入占比超过30%。①

知识链接：“五加一减一保障”

“五加”即考核加分、利润加回、投入加大、激励加码、改革加力，“一减”指容错减压，“一保障”是保障高端引进人才工资总额单列。

（二）优化民营经济发展环境

民营经济是社会主义市场经济的重要组成部分，是我们党长期执政、团结带领全国人民实现第二个百年奋斗目标和中华民族伟大复兴中国梦的重要力量。“十三五”时期，北京市民营经济贡献了北京市四成以上GDP、近五成税收和七成就业。好环境成就好企业，增信心重在优环境。为促进民营经济实现更大发展，北京市坚持“用户思维”，尽可能为企业纾难解困，不断创造更好的发展环境。

一方面，顶格减税降费，切实降低企业生产经营成本。近年来，为减轻市场主体负担、稳定宏观经济大盘，北京市顶格落实国家减税降费政策，五年累计新增免减退缓税费5300亿元，为小微企业纾难解困、为科创企业提供动能。

① 《向改革要动力 以创新添活力——市管企业资产总额超15万亿元》，《北京日报》2023年6月6日。

其中，2022 年新增免减退缓税费超 2000 亿元，最主要的增值税留抵退税政策为 8 万余户企业让利 1081.2 亿元，九成为小微企业；在地方权限内，延续实施小微企业“六税两费”减免等政策，为企业让利约 750 亿元，惠及北京市超 100 万家市场主体。①与此同时，自 2022 年 1 月 1 日起，将科技型中小企业开展研发活动中实际发生研发费用的加计扣除比例由 75% 提高至 100%。据统计，2022 年北京市共有 11113 户科技型中小企业享受提高研发费用加计扣除比例政策，加计扣除金额 457.85 亿元，新增加计扣除额 114.46 亿元，实际减免企业所得税 14.29 亿元，新增实际减免企业所得税 3.57 亿元。②

另一方面，创新金融服务，着力解决企业融资难题。针对民营和小微企业融资难、融资贵、融资慢等问题，北京市先后开启“畅融工程”和“融资纾困直通车”服务，着力破解企业与金融机构之间的信息不对称。其中，“畅融工程”突出首都“高精尖”产业特色，按照年度、季度、月度、周的频率，根据不同主题安排企业与金融机构对接，截至 2023 年 6 月，已举办 265 场对接活动，累计服务金融机构 4700 余家次，对接企业近 1.4 万家次。③“融资纾困直通车”则由各区政府标准化梳理和核验，形成《纾困企业名单》，主要商业银行发挥“头雁”作用，地方金融组织发挥补充作用，对新冠疫情前吸纳就业多、纳税正常、销售稳定、信用记录良好、受新冠疫情影响营业收入下降，但仍有发展前景的中小微企业进行救助和帮扶。截至 2022 年 9 月底，总计收到各部门推送有融资需求的企业 2793 家。通过金融机构快速对接，已向名单内 818 家企业发放融资共计 66.78 亿元。

---

① 吴素芳：《关于北京市 2022 年预算执行情况和 2023 年预算的报告——2023 年 1 月 15 日在北京市第十六届人民代表大会第一次会议上》，《北京日报》2023 年 2 月 1 日。

② 赵艳艳：《2022 年北京共 11113 户科技型中小企业享受研发费用税收优惠政策》，光明经济网，https://economy.gmw.cn/2023-06/02/content_36606529.htm。

③ 王方圆：《助力北京国际科技创新中心建设　北京畅融工程知识产权金融政策宣讲会举办》，中证网，https://www.cs.com.cn/yh/04/202306/t20230630_6353283.html。

案例：小微企业搭上“融资纾困直通车”[①]

北京某文化公司主营体育运动乐园项目，受新冠疫情影响门店无法正常经营，对收入产生了较大影响，资金周转出现困难，该公司被列为纾困直通车名单内企业。银行第一时间与企业对接，并快速制定了专属金融服务方案，最终向企业提供授信总额 50 万元的流动资金贷款。企业负责人表示：“感谢纾困政策和银行的高效落地，审批用时仅 8 个工作日，对我们小微文化服务企业渡过难关帮助太大了。”

（三）打造外商投资“强磁场”

长期以来，一流的营商环境、领先的改革创新力度等使北京成为外资进入国内发展的重点关注城市。据“2021 年北京外商投资发展报告”，“十三五”期间，北京实际利用外资累计 829.8 亿美元，约是“十二五”期间的 1.9 倍，占全国比重超 12%。

随着“两区”建设高开高走，北京市进一步提升对外开放水平，提高投资便利化水平，加强外商投资合法权益保护。例如，全面落实外商投资准入前国民待遇加负面清单管理制度，如允许外商投资职业技能培训机构办学；上线“投资北京地图”数字服务平台，集成北京市投资领域的政策、空间和服务资源，并在此基础上进一步发布中英双语招商引资支持政策服务包；推出外籍人员网上开办企业渠道，以一站式服务体系推进外商投资企业注册“全程网办”；依托

① 《我们这五年：首都金融营商环境系列报道十一：建立“融资纾困直通车”加大对实体经济的金融支持力度》，北京市地方金融监督管理局官网，https://jrj.beijing.gov.cn/ztzl/yhyshj/202211/t20221109_2854315.html。

国际商事法庭和国际商事纠纷一站式多元解纷中心为企业提供涉外商事案件诉讼、调解、仲裁“一站式”服务；打造国际人才一站式服务中心和国际人才社区，优化外籍人才工作服务和生活服务，在引资同时实现引智与引才；等等。

一系列政策组合拳使北京市不断奏响“稳存量、扩增量、提质量”引资“三部曲”，持续释放引资“强磁力”。据《2022年北京投资发展报告》，2021年以来北京市吸引外资仍保持了较为强劲的增长，同时引资结构持续优化。2021年，实际利用外资144.3亿美元，同比增长7.8%，达到历年第三峰值；新设外资企业1924家，是2008年以来的最高值，同比增长52.6%，占全国新设外资企业总数约4.0%。其中高技术产业实际利用外资达98.5亿美元，同比增长8.2%，占北京市实际利用外资总额的68.2%；高技术产业新设立外资企业1132家，同比增长53.8%，占北京市新设立外资企业总数的58.8%。2022年，实际利用外商直接投资较2021年进一步增长12.7%，达174.1亿美元，成为外商招商引资典范城市。[①]

① 《北京市2022年国民经济和社会发展统计公报》，北京市人民政府网，https://www.beijing.gov.cn/gongkai/shuju/ tjgb/202304/t20230414_3032832.html。

第十章

接诉即办 民生福祉持续改善

民惟邦本，本固邦宁。增进民生福祉是中国共产党立党为公、执政为民的本质要求，是中国式现代化的根本目的，全面建设社会主义现代化国家就要不断实现人民对美好生活的向往。在更高水平上保障和改善民生体现了“枝叶总关情”，是北京群众的幸福源泉。北京市坚持以人民为中心的发展思想，抓住人民群众最关心的教育、就业、住房、医疗、社保、养老等问题，扎扎实实把民生工作做好，提高首都市民的获得感、幸福感、安全感。

一、持续提升公共服务水平，有效满足市民“七有”“五性”需求

党的二十大报告指出，要“健全基本公共服务体系，提高公共服务水平，增强均衡性和可及性，扎实推进共同富裕”。发展社会公共服务是促进人的全面发展和保障社会公平正义的基础，也是扎实推进共同富裕、实现中国式现代化的重要着力点。北京市深入贯彻党的二十大精神和习近平总书记重要讲话精神，深入落实首都城市战略定位，坚持以人民为中心的发展思想，分层分类精准供给，保基本、扩普惠、提服务，有效提升了社会公共服务水平，更好满足人民群众的“七有”“五性”需求。

（一）大力提升基本公共服务均等化水平

基本公共服务指保障民众生存和发展需要的公共服务，以公益性为主要特征、以公共资源为主要支撑，是各级政府应承担的责任。北京市聚焦市民基本公共服务需求保障，注重公平均等，推进基本公共服务标准化供给，让全体市民获得更加公平、更加均等的教育、医疗、养老等各领域基本公共服务。

第一，明确政府兜底的基本公共服务范围和保障标准。2022 年 4 月，北京市正式发布《北京市基本公共服务实施标准（2021 年版）》，提出幼有所育、学

有所教、劳有所得、病有所医、老有所养、住有所居、弱有所扶、优军服务保障和文体服务保障 9 大领域、22 个方面、共计 89 项服务内容。该标准首次明确界定了北京基本公共服务范围，并逐项明确了政府提供基本公共服务的底线标准，为政府履行职责和公民享有相应权利提供了依据，也为进一步推进基本公共服务标准化供给奠定了基础。

第二，大力补齐基本公共服务短板。北京市围绕人民群众“七有”要求和“五性”需求，以普惠性、基础性、兜底性民生建设为重点，不断补齐基础设施和教育、医疗等基本公共服务短板，人群、区域间公共服务水平的差距明显缩小，均等化水平稳步提高。

从医疗卫生基本公共服务来看，北京一直是全国优质医疗资源较为集中的地区，但这些资源主要集中在中心城区，区域分布不均衡。为更好解决人民群众看病难问题，保证群众在家门口看得上病、看得好病，北京市不断深化医疗体制改革，完善分级诊疗体系，推动优质医疗资源扩容下沉和均衡布局。一方面，加快推进北京城区中心医院向城市副中心、“回天”地区、城南地区等资源薄弱地区均衡布局。近年来，先后完成天坛医院、同仁医院亦庄院区、积水潭医院新龙泽院区等医院的整体迁建或扩建工作，累计疏解床位 2200 余张，优质医疗卫生资源布局更趋均衡。另一方面，增强基层医疗服务保障能力。通过区办市管、委托管理、技术帮扶等多种方式提升区属医院医疗服务能力，实现各区均有三级医院，不断完善基层卫生服务网络。2021 年，北京市共有社区卫生服务中心（站）2111 个，已基本实现“15 分钟医疗卫生服务圈”。2023 年上半年，北京市社区卫生服务机构门诊就诊人次比去年同期增长 36%，比 2019 年同期增长 20%，呈现出基层诊疗人次占比不断提高、三级医院门诊患者向基层分流的良好态势，居民可以就近享有较高水平的基本医疗服务，基层卫生诊疗居民满意度有效提升。[①]

① 蒋若静:《本市基本实现“15 分钟医疗服务圈”》,《北京青年报》2023 年 7 月 30 日。

案例：北京友谊医院（通州院区）推进就医格局重构[①]

为方便患者就诊、缓解核心区医疗压力，北京友谊医院将肝移植中心、泌尿外科肾脏移植病区等外埠病人最多的病区整体迁移到通州院区。自 2018 年 12 月开诊以来，友谊医院（通州院区）共开放床位 787 张，门急诊总量 334 万人次，出院 6.4 万人次，完成手术 2.7 万人次，其中外埠户籍患者比例为 42%，有效避免了患者因为就医奔波于北京城区，既惠及了更多群众，又从空间上实现了医疗资源的均衡布局，助力京津冀协同发展。

（二）引导推进普惠性公共服务扩容提质

普惠性公共服务，是为满足公民更高层次服务需求，在基本公共服务保障之外，政府通过支持市场主体或社会组织提供的公共服务，品质更优质、价格可承受是其主要特征。在普惠性公共服务体系建设中，北京市适应居民生活品质逐步升级的需要，以市场自发供给不足的更高层次需求为重点，不断强化政府在规划、土地、投资、税收、金融等多方面的政策支持，积极承担引导服务供给、规范服务质量、调节服务价格等责任，有序构建多元主体参与的普惠公共服务供给格局，实现服务价格可承受、质量有保障、获取更便捷，居民生活水平和质量普遍提高。

以普惠性学前教育服务体系为例。学前教育是国民教育体系中的重要组成

① 谭琪欣、孔天骄：《北京医疗功能疏解进行时，就医格局重构初见成效》，人民日报健康客户端，https://m.peopledailyhealth.com/articleDe tailShare?articleId=225f69a07d90455791 2855449442a6ee。

部分，具有典型的公共服务属性，建立和完善普惠性学前教育公共服务体系是近年来学前教育发展的主要方向和任务。北京市将学前教育纳入全市专项规划优先实施，自 2011 年以来先后实施三期学前教育三年行动计划，明确了学前教育的发展目标和具体任务，不断完善学前教育普惠性资源布局。

一是扩增普惠性学位资源。北京市结合各街乡、社区学前教育学位资源分布情况，重点在普惠性资源少、无证园多的区域以小区配套移交、租赁、改建、扩建、新建等方式新增普惠性幼儿园和社区办园点。比如，为缓解温泉镇地区入园难问题，海淀区温泉镇政府攻坚克难、积极作为，探索了由镇农工商总公司出资建设、镇政府支付租金、区教委运营管理的三方合作办园新模式。

二是加大财政扶持力度。据北京市十五届人大常委会公报，2018 年至 2020 年，北京市持续加大学前教育经费投入力度，共安排了各区学前教育专项转移支付资金 110 亿元，比 2015 年至 2017 年增加 51.27 亿元，增幅为 87.3%；市级财政通过提供 1000 元 /（人・月）定额补助、10000 元 / 人一次性新增普惠园学位补助、5 元 /（天・平方米）租金补助、3000 元 / 人“转普”一次性奖励的方式，鼓励机关部门、部队、企事业单位、社会团体、个人面向社会提供普惠性学前教育服务，支持普惠性幼儿园提高办园质量。

案例：朝阳区春宇幼儿园转制①

朝阳区春宇幼儿园是一所小区配套园，在转成普惠性幼儿园之前收费是每月 1999 元，转制后，收费降低为每月 750 元，但市级层面每生每月补贴 1000 元，区教委每生每月补贴 600 元，相当于园所生

① 《把握公益普惠基本方向　坚定办好学前教育的决心——北京将实现公办民办普惠性幼儿园“四个统一”》，中华人民共和国教育部官网，http://www.moe.gov.cn/jyb_xwfb/xw_zt/moe.357/jyzt_2019n/2019_zt4/bjx/mtjj/201905/t20190507_380902.html。

均收入每月2350元，且幼儿园还得到一次性转普奖补、学前教育研究发展经费、专项教研经费等支持。通过转制，春宇幼儿园经费更加充足、园所环境得到了显著改善。

三是完善普惠保障机制。北京市制定出台《普惠性幼儿园认定与管理办法（试行）》《关于进一步加强学前教育管理的意见》等多项文件，从明确普惠性幼儿园的认定和管理、健全幼儿园安全风险防控、加大幼儿教师培养力度等方面全面推动学前教育安全规范和高质量发展。“十三五”以来，北京市共增加学前教育学位24.3万个，全市适龄儿童入园率达到90%，普惠性幼儿园覆盖率达到88%，大幅优于全国平均水平，基本建成广覆盖、保基本、有质量的学前教育公共服务体系，有效缓解入园难、入园贵问题，学前教育满意率显著提升。①

（三）不断推动生活服务品质提升

生活服务是为了满足公民多样化、个性化、高品质服务需求，主要由市场供给、公民按市场价格付费所享有的服务。近年来，北京市紧扣市民不断升级的对健康、养老、文化、体育等方面消费需求，大力推动公共服务朝着品牌化、连锁化、规模化、专业化和智慧化的方向迈进。

就养老服务而言，健康养老已成为北京市群众最关心、最现实的民生问题之一。据北京市老龄办、北京市老龄协会发布的《2022年北京市老龄事业发展概况》，2022年北京市60岁及以上常住人口为465.1万人，相比2021年增加

① 《我们这五年|补短板强弱项提质量，首都社会公共服务高质量发展！》，发展北京公众号，https://mp.weixin.qq.com/s/7RQjaKjAmsAyPOZWSsBo1Q。

23.5万人，增幅为五年来最高。为有效应对人口老龄化问题，北京市坚持首善标准推进养老服务高质量发展，探索破解超大城市养老难题的“北京方案”，努力满足老年人对美好晚年生活的新期待、新要求。

第一，引导龙头型企业做大做强，推动养老服务市场化发展。为贯彻北京市委、市政府战略部署，北京健康养老集团有限公司2022年正式宣告成立。作为北京健康养老产业“主力军”和“旗舰”，北京康养集团积极构建居家社区机构相协调、医养康养相结合的养老服务体系和健康支撑体系，培育集“医、康、养、护”为一体的康养培育、专业管理和资源整合的综合发展平台，逐步探索出了一套具有北京康养特色的“五端九化三覆盖”模式，以此支撑和推动居家养老服务专业化、品质化、市场化高质量发展。①

知识链接：“五端九化三覆盖”模式

“五端”，即聚焦“线下端”“线上端”“需求端”“供给端”“服务端”，创建北京首家居家养老服务综合示范中心，搭建“北康养e家”智慧平台，形成居家养老服务需求清单，编制居家养老服务供给目录，创建“管家式服务”工作机制。“九化”，即在创新模式的运行过程中形成具有北京康养特色的服务模式体系化、服务主体集约化、服务标准契约化、服务项目多元化、服务价格亲民化、服务方式智慧化、服务团队职业化、服务质量品牌化、服务政策精准化的运营体系。“三覆盖”，即承担好创新模式的承办者、经办者和整合者的职责任务，推动实现服务范围全覆盖、服务项目全覆盖及服务对接全覆盖。

① 《国企打造养老服务“旗舰”，本市五年内将发展养老照护床位1.5万张》，《北京日报》2022年3月15日。

第二，破解居家养老难题。居家养老是大城市养老的痛点、难点，也是整个养老服务体系的“最后一公里”。对此，北京市形成了“培育一类主体，构建两种模式，实现全面覆盖”的发展思路，并组织北京康养集团在西城区广安门内街道启动创新居家养老服务模式试点工作，以实现机构养老向居家社区机构养老协调发展全面转型，发展养老服务产业，重构养老服务业态、发展社区居家养老服务网络，为老年人及其家庭提供价格可负担、品质可信赖、运营可持续的养老服务，以社会化、市场化方式从根本上系统破解超大城市养老难题。

第三，科技赋能创新，推动养老服务智慧化发展。人工智能、云计算、大数据等新技术的迅速发展为养老服务带来全新发展机遇。近年来，北京市不断优化升级北京养老服务网，打造了便捷的养老服务“网上超市”，不仅能够帮助老年人找服务、找机构、找政策，还能够助力养老服务主体找资源、找人才、谋发展。同时，搭建全市统一的“京彩时光”养老志愿服务信息平台，实施志愿服务全流程智能化管理，为加强养老服务统筹协调与科学决策提供了强有力的信息化支撑。

二、坚持以人民为中心，扎实推进共同富裕

共同富裕是社会主义的本质要求，是中国式现代化的重要特征，也是人民群众的共同期盼。作为首善之区，北京将在“十四五”时期创建国家共同富裕示范区。为实现这一目标，北京以强基、扩中、调节等多方面举措为抓手，努力成为中国式现代化的先行区。“强基”就是要坚持就业优先导向、以高质量发展夯实居民增收基础；“扩中”就是要千方百计提高低收入群体收入、多措并举扩大中等收入群体；“调节”就是要发挥好社会保障、收入分配等社会政策调节作用，提升社会救助服务能力。

（一）坚持就业优先导向

就业是民生之本，促进更充分更高质量的就业也是实现共同富裕的基本前提。一方面，在促就业、强培训方面，北京市强化政策支撑，于 2022 年 6 月集中推出 30 条综合举措全力稳就业。北京市还针对农村劳动力、高校毕业生等重点人群推出专项政策，抓好高校毕业生、城镇困难人员等重点人群就业，鼓励创业带动就业和灵活就业，严格贯彻落实《新时期产业工人队伍建设改革方案》《关于推行终身职业技能培训制度的意见》《新生代农民工职业技能提升计划

（2019—2022年）》等文件要求，加强劳动力和人力资源市场管理、尊重劳动者和用人单位的市场主体地位，消除影响城乡劳动者平等就业的制度性障碍，切实保障农业转移人口获得与城镇职工平等的就业待遇。另外，北京市还着眼于拓宽城乡就业渠道，实现城乡一体化发展，打破城乡分割和户籍界限，建立健全城乡统一平等竞争的劳动力和人力资源市场，维护劳动者平等就业权利，促进劳动力在地区、行业、企业之间自由流动。在就业保障方面，北京市致力于完善城乡均等的公共就业服务体系，为相关人群提供全面的政策咨询、职业指导、职业介绍等公共就业服务。

另一方面，北京市加快形成学历教育与职业培训并举并重的办学格局，为实现更高质量和更充分就业提供有力支持。一是借鉴国际“双元制”模式，职业教育学校和用工企业联合制订培养计划，统一规划、紧密合作、资源互补、信息共享、标准统一、理论和实践相结合，共同推进劳动力的职业素养和就业能力。二是借鉴现代学徒制和企业新型学徒制成功经验，提高职业教育教学培育能力，及时将新理论、新模式、新条例纳入培养体系和学习计划，保证教学的高标准、严要求。三是将工学结合贯穿职业教育教学全过程，加强职业能力、技术能力和实践能力教育，强化实验、实践、实训、实习，把课堂教学、理论讲解搬到工厂、企业的机器前，以掌握技术、操作仪器、亲自动手作为校企合作培养人才的核心目标和关键环节。四是做好跨区域劳务合作的组织协调工作，加强农业转移人口输出地和输入地之间的劳务合作和供需对接，在来源地相对集中的地区开展专场招聘活动，并设立专门的就业服务工作站。五是依托乡镇、街道、社区等基层公共就业服务平台，深入基层和各类用人单位，开展求职招聘信息的集中采集活动，准确收集进城务工人员求职需求和企业用工需求。

案例：北京科技大学“百企千人·访企拓岗促就业专项行动”

北京科技大学将“百企千人·访企拓岗促就业专项行动”作为常态化工作，为校院各级领导班子制定行动年度考核目标，“一把手”全部动起来挖掘就业资源。同时，校方结合企业资源推动教学实践改革，促进专业培养与社会需求精准对接，提高实习实践和就业推荐效度。2023年1—7月，北京科技大学领导班子累计走访用人单位200多家，为毕业生拓展就业岗位千余个。

（二）扩大中等收入群体规模

扩大中等收入群体规模、形成“中间大、两头小”的橄榄型社会结构是实现共同富裕的有效路径，也是北京率先基本实现社会主义现代化的必由之路。对此，北京市从降低城乡收入差距着手，持续提高农民群体收入，有效衔接共同富裕与乡村振兴。在实践中，北京市结合首都的要素禀赋，围绕“大城市带动大京郊，大京郊服务大城市”，做强都市型现代农业和乡村精品民宿，提高农民经营性收入和财产性收入。近年来，北京市相继印发《北京市“十四五”时期乡村振兴战略实施规划》《北京率先基本实现农业农村现代化行动方案》《关于做好2022年全面推进乡村振兴重点工作的实施方案》《北京市“十四五”时期农业科技发展规划》等文件，把解决好“三农”问题作为全市工作的重中之重，提出把干部配备、要素配置、资金投入、公共服务“四个优先”落到实处，全面推进乡村振兴，坚持走城乡融合发展之路。北京市还以科技为牵引力，促进一二三产融合发展，让农民得到实惠。在各方面政策支持下，根据北京市农业农村局公布的数据，2021年，北京市农村居民人均可支配收入33303元，同比增长 10.5%，高于城镇居民 2.7 个百分点。

此外，北京市积极提高劳动报酬在初次分配中的比重，健全工资合理增长机制，稳步提高最低工资标准，提高一线职工工资待遇；强化对企业、行业工资收入分配的政策指导，定期发布企业、行业工资指导线；充分利用股权证券资产知识等激活多种资源要素，多渠道增加城乡居民经营性、财产性收入；加大税收、社保、转移支付等再分配调节力度和精准性。北京市还以重大活动和重大建设项目为契机，围绕冰雪产业、大兴机场以及临空经济区建设，持续培训农村劳动力，加大职业技能人才培养力度并提高技术待遇，实现了中等收入群体规模的不断扩大。统计数据显示，2023 年上半年，北京市居民人均可支配收入达到 41358 元，同比增长 5%，比一季度提高 1.4 个百分点。其中，工资性收入增长 7%，经营净收入增长 6.5%，转移净收入增长 2.8%，居民收入增长明显得益于工资性收入增长的带动。①

（三）健全多层次社会保障体系

社会保障是政府依法对社会成员基本生活给予保障的社会安全制度，亦即社会成员因年老、疾病、失业等原因而失去劳动能力或生活遇到障碍时，依法从国家和社会获得基本生活需求的保障。社会保障通过对人们基本生活的保障，向社会成员提供一种安全保护，缓解、缓冲社会运行所造成的冲突和不适，从而促进社会的有序稳定和协调发展。对共同富裕而言，社会保障可以说是民生之安，关系着每一个人、每一个家庭的福祉。

从体系上来看，北京市的多层次社会保障制度主要体现在三个方面。

① 《上半年北京居民人均可支配收入 41358 元，同比增长 5%》，京报网，https://news.bjd.com.cn/2023/07/19/10500686.shtml。

一是保基本，也就是制定了涵盖广大人民群众普遍享有的基本公共服务项目，以此保障人民群众最基本的教育、医疗、养老、文化等权益。比如，教育领域，通过免除义务教育阶段学杂费和借读费、为生活困难学生提供生活补助和助学补助，保障本市适龄儿童基本受教育权利；医疗领域，提供公共卫生、医疗保险等服务的同时，还为部分慢性病、地方病、传染病患者提供健康管理和服务；养老领域，在基本养老保险基础上，为经济困难老人、重度失能老人以及高龄老人提供补贴津贴，提高基本养老保障水平。

二是兜底线，针对老幼病残困等社会弱势群体，在居住、就医、求学等方面给予特殊保障，满足基本生存需要，避免陷入生存困境。比如，为城乡低收入家庭、特困人员以及因特殊原因导致基本生活陷入困境的群体提供最低生活保障、救助供养、医疗救助等多层次社会救助服务；为各类残疾人员提供护理补贴、康复、教育、文化体育等全方位扶残助残服务。

三是优服务，强化健康管理、职业培训、创业指导等方面的服务能力，通过优化服务为群众赋能，进一步提升生活质量。例如，通过加强优孕优生、儿童健康、儿童关爱等服务，减轻居民生育负担，提高抚养质量；通过优化就业、创业以及职业技能培训服务，提高居民技能水平，促进更高质量就业和收入增长；通过完善公共文化、公共体育服务，提升市民精神生活质量。

案例："乡村振兴＋住房租赁"大兴模式破解青年人住房难题

大兴区将金星庄村作为首个宅基地改造试点，秉承"保证农民收入、改善租赁品质"的基本原则，在保证村民"不失房"且收入稳定的前提下，融入绿色低碳、节能环保等元素，打造高品质的绿色村庄租赁新生态，既实现了"乡村振兴"与"住房租赁"战略的有机结合，也为周边产业园区大量的青年从业人员提供了千余套质优价低的房源，有效满足了他们的住房需求。

（四）提升社会救助服务能力

作为一项保障基本民生、促进社会公平、维护社会稳定的基础性、普惠性、兜底性制度安排，社会救助是实现共同富裕的必备条件，也是中国式现代化不可或缺的重要组成部分。在这方面，北京市不断完善社会救助政策体系、因时因势调整社会救助领域保障机制，不断加强全市社会救助工作队伍建设、推进社会救助制度改革，坚持兜牢兜好民生保障底线。

第一，健全分层分类的社会救助体系，在规范制度上持续发力。2017年，北京市民政局制定出台《关于成立困难群众救助服务指导中心开展精准救助试点的意见》，率先提出构建市、区、街道（乡镇）三级困难群众救助帮扶体系。引入社会组织运营街道（乡镇）困难群众救助服务所，既能弥补基层工作力量不足，又能发挥社会组织专业性强、贴近群众的特点，形成政府与社会良性互动的救助合力。至2020年，北京市已建成330家街道（乡镇）困难群众救助服务所，实现救助全覆盖，真正打通了救助困难群众的“最后一公里”。此外，北京市还致力于实现最低生活保障等社会救助扩围增效，切实兜住兜准兜好困难群众生活底线。近年来，北京市最低生活保障和特困人员供养标准稳步提升，2021年7月，北京市低保标准从每人每月1245元调整为1320元，特困人员供养标准从每人每月1867.5元调整为1980元；2023年7月起，北京市低保标准进一步调整为每人每月1395元。

第二，着力推动低收入人口动态监测和常态化帮扶工作。北京市加快整合现有社会救助信息化资源，充分发挥社会救助业务系统、居民家庭经济状况核对系统、精准救助系统功能，打造能够实现信息汇聚、常态监测、快速预警、精准救助、综合帮扶的平台。为确保将精准帮扶困难群众落到实处，北京市民政局专门制定出台了《北京市民政局关于建立困难群众精准救助帮扶台账的实施办法（试行）》，将精准救助帮扶对象范围扩大到困境老年人、困境儿童、困难重度残疾人等六类特殊困难群体，并明确标准、建档程序、动态管理、资金保障和监督管理等方面内容。同时，通过购买服务，建立一支“专职工作人员＋专业社会工作者”的社会救助工作队伍，在辖区开展政策宣传、了解实情，全面摸清困难群众底数，按照“一户一策一档”原则建立救助帮扶台账，实现了困难群众基础信息的动态更新和持续监测。

第三，做好个案帮扶，提升救助工作“精准度”。为推动困难群众精准救助工作向专业化、精准化、精细化发展，提升救助工作成效，北京市印发《北京市困难群众个案服务指南》，明确个案对象遴选标准，关注困难群众多元需求，完善阶梯式救助服务模式，根据需求紧迫程度和问题严重程度，将个案服务对象进行三级管理；规范个案服务过程，严格按照“接案、预估、计划、介入、评估、结案”6 个阶段开展服务，并对每个阶段的服务质量进行控制。根据不同困难程度，提供预防、支持、深度介入等服务措施，注重激发困难群众的内生动力，提高困难群众的问题解决能力和自我发展能力，不断促进困难群众的全面发展。

知识链接：北京市“1＋1＋N”多方联动协同帮扶运行机制

“1＋1＋N”多方联动协同帮扶运行机制：搭建 1 个困难群众救助服务平台，成立困难群众救助服务所，开展困难群众精准救助帮扶服务；购买 1 个社工机构承接运营困难群众救助服务所，形成政府与社会良性互动的救助合力，发挥社会工作专业性强、贴近群众的特点，帮助困难群众在物质、心理、社会融入、能力提升等方面得到有效改善；整合“N”方救助资源，拓宽社会化支持渠道，通过链接属地政府、企事业单位、慈善组织和社会力量等资源，实现资源的高效整合，实现政府救助、社会帮扶、自我发展良性循环。

三、全面推进接诉即办改革，不断增强群众获得感幸福感安全感

随着北京市的快速发展，城市管理遭遇了越来越多的挑战。为更好化解民生难题、满足人民群众日益增长的美好生活需要，自2019年初，北京市政府在“街乡吹哨、部门报到”改革的基础上提出了接诉即办工作机制，并在近年来的实践中取得了显著成效。对北京这样一个超大城市而言，接诉即办是党和政府践行以人民为中心的发展思想、在更高水平上保障和改善民生的生动实践，也是推动首都治理体系和治理能力现代化、打造中国式现代化“北京样板”的重要路径。

（一）持续探索改革路径

近年来，北京市持续探索超大城市基层治理改革之路，使市民的操心事、烦心事、揪心事能够得到快速响应、有效处理，切实提升群众的获得感、幸福感、安全感。

2018年，北京市启动党建引领“街乡吹哨、部门报到”改革，将其作为一号改革课题扎实推进。“吹哨报到”改革通过赋予街乡权力、下沉工作力量、开展街道管理体制改革，着力构建简约高效的基层治理体系，进一步理顺条块关系。

2019年起，随着“吹哨报到”改革的深化，北京市进一步思考“哨”声来

源，延展“吹哨”主体，让群众“吹哨”，推进“吹哨报到”改革向接诉即办深化延伸，实现民有所呼、我有所应。为实现这一目标，北京市建立起接诉即办机制，通过发挥“响应率”“解决率”“满意率”的指挥棒作用，着力形成到基层一线解决问题的工作导向，引导党员干部把群众的安危冷暖放在心上，想群众之所想、急群众之所急，用心用情用力去解决群众急难愁盼问题，以市民诉求驱动超大城市治理，寓管理于服务之中，实现干群之间良性互动，在解决问题的同时推动治理改革。

实践中，接诉即办改革的主要做法集中体现为“五个一”：一套体系、一号响应、一单到底、一把尺子、一组机制。一套体系，是“一把手”责任体系，坚持高位统筹推进；一号响应，是 12345 统一受理，一条热线听诉求，全渠道、全时段、全方位响应社情民意；一单到底，是将管辖权属清晰的群众诉求快速直派、首接负责、限时办理，一张派单管到底；一把尺子，是建立响应率、解决率、满意率“三率”考评机制，分类评价解决，压实各级责任，督促快办、真办、办好；一组机制，是建立完善分类处理、督查督办、诉求分析通报等十项工作机制，推动超大城市治理精细化。

随着接诉即办改革的全面推进，北京市持续推动接诉即办从“有一办一”向“举一反三、主动治理”深化，坚持系统思维和问题导向，以点带面、标本兼治。以解决疑难复杂问题为重点建立“每月一题”工作机制，基于接诉即办民生大数据分析出的房产证难办、预付费行业监管、房屋维修、老旧小区改造等 12 类 27 个重点难点民生问题，对这些问题加强主动治理、源头治理。以区域治理为导向开展治理类街乡镇专项治理，将诉求最集中、基层治理基础薄弱的街道乡镇作为治理类街乡镇开展专项治理，一批群众诉求集中的难点问题和历史遗留问题得到解决，街道乡镇面貌品质大幅提升。与此相配套，北京市持续深化热线整合，显著增强了“接诉”能力。截至 2021 年 9 月中旬，北京市已将 58 条热线并入 12345 平台；推动接诉即办向互联网延伸，开通社情民意“直通车”，增设网上 12345 新渠道；实现与 110、119、120 等紧急救助系统的一键转接机制；开通企业热线，将 60 余家企业纳入“绿色通道”，政策咨询、办事引导、建议收集等服务功能进一步加强。[①]

改革启动至今，接诉即办工作已经取得了显著成效、得到了人民群众的高度认同，一批乱搭建、乱停车等百姓身边的烦心事得到解决，一批菜场超市、公园绿地等便民利民设施相继建成，家门口的事有人管、有人办了。从数据上看，5 年来，12345 市民服务热线累计受理群众诉求已超过 1 亿件，解决率、满意率分别提升至 94% 和 95%，解决了 34.2 万套房产证办理历史遗留难题。[②]国务院第七次大督查还将“北京市建立完善接诉即办改革机制、提升城市治理效能”作为典型经验案例。

案例：接诉即办机制助力马坊镇南区回迁小区解决充电桩难题[③]

2021 年 2 月，平谷区马坊镇南区回迁小区地下车库投入使用，767 户居民入住后却发现，地下车库未预留电源接线口，导致无法安装电动汽车充电桩。9 月底，不少居民多次向 12345 热线反映充电桩安装难、充电不便的问题，多的时候，两天就有 15 件投诉。马坊镇以群众诉求为“哨声”，发起“集结令”，引导干部、相关科室和区住建委、区供电公司来一线解决问题，摸清了居民电动汽车数量，共同制定了充电桩安装方案。不到一个月的时间，小区居民报装的 48 个充电桩均建设完成并投入使用。

① 《接诉即办　以市民诉求驱动超大城市治理变革》，《人民日报》2021 年 11 月 9 日。

② 《2023 年政府工作报告》，北京市人民政府网站，https://www.beijing.gov.cn/gongkai/jihua/zfgzbg/202301/t20230128_2907344.html。

③ 《探索超大城市治理路径　接诉即办改革持续深化　12345 热线 3 年受理群众反映 3134 万件》，《北京日报》2021 年 12 月 20 日。

（二）深入实施接诉即办工作条例

2021 年 9 月，北京市正式施行了《北京市接诉即办工作条例》，（以下简称《条例》）这是国内第一部规范接诉即办工作的地方性法规，在总结改革创新成果的基础上，进一步完善了接诉即办的相关制度设计，既确保改革于法有据，又为今后深化改革和调整优化留有空间。从内容上可以发现，《条例》完善了从接诉即办到主动治理的相关制度设计，对接诉即办机制进行了全面系统、明确清晰的界定。

一是“接”。《条例》首先明确了接诉即办的功能定位及 12345 服务热线作为受理诉求的主渠道作用，规定接诉即办围绕“七有”“五性”要求，及时回应人民群众急难愁盼问题，为公众参与社会治理和公共政策制定提供信息渠道和有效途径。“全面接诉”是接诉即办的显著特点。《条例》规定，市民热线服务工作机构应当通过语音、文字等方式全面、准确、规范记录诉求提出的时间、诉求事项、联系方式等要素，形成诉求工单，不同类型的诉求还将依据不同情况分类处理。

二是“诉”。《条例》为市民提出诉求“撑腰”，明确规定诉求人为了维护自身、他人正当权益或者公共利益，可以就经济发展、城市建设、公共服务、民生需求等方面的事项提出诉求，有权了解诉求办理情况并作出评价。诉求人提出诉求不受非法干预、压制和打击报复，企业正常生产经营活动不受非法干扰，涉及的个人隐私、个人信息、商业秘密等依法受到保护。同时，诉求人也应当遵守相应义务，维护正常的诉求办理工作秩序，客观评价诉求办理情况。

三是“即”。接诉即办，贵在闻风而动，因而“派单”就成了接诉即办整个流程中的关键环节，能否精准“靶向锁定”承办单位，直接决定着办理效率。对此，《条例》围绕如何派单进行了明确的流程界定，对权责明确、管辖清晰的诉求，直接派单至承办单位，而疑难复杂诉求可由承办单位、市民热线服务工作机构和市政务服务部门在派单前进行会商，通过审核机制协调解决派单异议。另外，为避免责任不清、互相“甩锅”的问题，接诉即办工作实行“首接负责制”，派出的诉求工单上应注明办理时限，接到派单的单位不得推诿，办理诉求如果涉及其他单位，由首接单位牵头协调办理，其他单位应当配合。

四是“办”。《条例》规定，街道、乡镇应当整合辖区资源，统筹协调、指挥调度各方研究解决相关诉求；区政府部门及有关单位应当及时响应、履职。承办单位对于自身难以协调解决的诉求，可以报请市、区政府或者行业主管部门协调解决。承担公共服务职能的企事业单位，应对涉及重点民生领域的诉求提供全天候服务。《条例》同时规定，承办单位不得将社区职责清单外的事项交由社区办理，不得将社区“协助”政府工作的事项交由社区作为“主责”办理。

通过深入实施接诉即办工作条例，北京市将接诉即办改革纳入法治化轨道，进一步畅通了群众诉求表达渠道，第一时间了解掌握民生诉求；更为明确地优化了接诉即办的派单机制和流程反馈，实现了群众诉求快速响应。

（三）提升基层治理质效

街道和乡镇处于基层治理一线，离群众最近，是党和政府联系群众的重要桥梁和纽带。接诉即办改革要提升快速响应水平、形成常态化成果，就需要发挥街道和乡镇在基层民生保障中的主动性。近年来，针对街乡治理中条块分割、权责不清、资源不足等问题，北京市牢牢抓住理顺“条块关系”这个“牛鼻子”，坚持优化协同原则，充分发挥街道乡镇工作积极性和创造活力，以“赋权、下沉、增效”为抓手，不断强化基层自主治理能力、提升接诉即办工作效能。

以“赋权”为核心，推进民生保障重心下移。“赋权”是指根据新时代北京城市发展的新要求，明确划分职能部门和街乡的事权，赋予街乡更多权力并增强统筹协调能力，让基层更加有职、有权、有物、有人。对此，北京市印发《关于落实街道乡镇相关职权的指导意见》《关于加强新时代街道工作的意见》，并于 2019 年 11 月通过了《北京市街道办事处条例》，规定区政府相关部门应在接诉即办过程中接受街道的统筹调度，并赋予街道行政执法权，使街道可以在职责范围内依法查处违法行为。通过一系列法治化改革举措，北京市推动改善“条块关系”，明确划分市、区、街乡的事权，以增强街乡统筹协调功能为基础实现了民生保障重心下移。

以“下沉”为手段，推进治理力量下沉基层。在“吹哨报到”和接诉即办改革中，北京市对于适宜由街道管理的职能部门派出机构，按照市、区统一部署，逐步下沉至街道，实行分级管理，由按区域设置调整为按区划设置，实现“一街一所”，并实行以街道管理为主、上级业务部门进行业务指导的管理体制，推进区街条块权责匹配。2017 年，北京市出台《关于进一步加强街道乡镇实体化综合执法平台建设的指导意见》，明确规定按照“区属、街管、街用”的原则，在街道乡镇建立实体化综合执法中心，将公安、消防、城管等部门执法力量放到街道乡镇办公，破除“条块分割”和行政执法中部门分割执法的做法，推动执法力量聚合联动、下沉基层。

以“增效”为目的，将问题直接化解在基层。为街道乡镇明确责任是接诉即办有效落实的关键环节。就“明责”而言，2020 年 11 月，北京市印发了《北京市街道党工委和办事处职责规定》，进一步细化街道职责任务，推进街道依法依规履职。根据该规定，北京市街道的职责事项包括党群工作（18 项）、平安建设（21 项）、城市管理（20 项）、社区建设（16 项）、民生保障（21 项）、综合保障（2 项）。这些职责事项是街道的履职底单和向街道赋权的依据，有助于进一步细化政府职能、任务，明确职能部门与街道的职责边界，推进街道依法依规履职。从规定中不难发现，街道职责事项与市民生活息息相关，充分体现了职能设置中对民生需求的关注。

知识链接：街道乡镇综合执法中心“1+4+N”模式

街道乡镇综合执法中心“1+4+N”模式，即 1 个城管执法队；公安、消防、交通、市场监管 4 个部门在街道乡镇常驻 1—2 人；食药、房管、规划国土、园林、文化等部门明确专人负责随叫随到，确保职能部门执法力量在街乡聚合发挥职能。

（四）发挥人民群众主体作用

作为超大城市和六朝古都，北京在居住环境改善、历史风貌保护、胡同环境整治等方面离群众的期盼还有差距。面对这些问题，政府不能“单打独斗”，还要在“共建共治共享”上下功夫。有鉴于此，在接诉即办改革中，北京市通过多样化实践路径探索出了一套党领导人民实现共建共治共享社会治理的有效路径和方法，形成了“一核多元”模式。“一核”是各级党组织，“多元”包括政府、社会组织、居民群众等多方力量，党组织把不同主体的治理活动、治理资源、治理功能整合到一起，践行“人民城市人民管”的理念，支持和保证各类经济组织、社会组织、自治组织和广大居民等社会力量有序参与社会治理。

为更好发挥人民群众的主体作用，北京市积极发动社区群众自我管理，把提升群众满意度、满足人民群众对美好生活的新期待作为接诉即办的出发点和落脚点。一是建立“民生工作民意立项”机制，推动民事民提、民事民议、民事民决、民事民评，促进人力、物力、财力、政策与群众需求有效对接和精准匹配，实现人民群众的事让人民群众说了算。二是创新提出了协商共治“五民”群众工作法，通过党员干部包社区、党代表接待日、记录民情日记等多种形式，问需于民、问计于民，积极探索“网格议事厅”“开放空间讨论”“小院公约”

等途径，实现议事协商平台全覆盖。

在接诉即办改革中，北京市首创了“小巷管家”社会动员机制。“小巷”主要指街巷和社区，“管家”是指自己的事自己管，是以一个主人的身份来管理在社区所属范围的、分内的事，把街巷和社区看作自家的事。“小巷管家”队伍是由街道和社区通过推选和招募的方式设立、得到街道和社区认可的、协助街巷长进行街巷环境维护管理和监督的社区志愿者服务团队。[①]“小巷管家”履行“每日巡、经常访、及时记、随手做、实时报”等职责，在实践中发挥着听民声、汇民意、集民智的重要功能。

此外，北京市还打造出石景山“老街坊”、“朝阳群众”、“西城大妈”、东城“花友会”等群众自治品牌，显著拓宽了群众自我管理、自我服务的渠道，最大程度发挥人民群众主体作用，提高了基层治理水平。

案例：“老街坊”群众组织

“老街坊”是石景山区组建的以党员为骨干、广大居民共同参与社区治理的开放性群众组织。目前，石景山区 150 个社区已全部建立“老街坊”议事厅、成立议事会，并向楼门延伸建立了 208 个“老街坊”楼委会，在各社区建有“老街坊”劝导队、治安队、防消队等多支专业队伍，部分社区还因地制宜，组成了“老街坊护河队”、鲁谷街道“护花队”等志愿品牌。2019 年 3 月，石景山区被民政部确认为“全国社区治理和服务创新实验区”。[②]

① 刘欣葵、王蕾：《街巷长的助理“小巷管家”》，《城市管理与科技》2019 年第 1 期。
② 周依：《石景山区 150 个社区全建“老街坊”议事厅》，《新京报》2019 年 8 月 7 日。

（五）提升接诉即办智能化水平

作为一项城市治理和民生建设的系统性工程，接诉即办改革需要运用科学的方式方法，重点突破、循序渐进，既要靠党和政府的组织力和组织体系来保障，也要依托现代科技和民生大数据系统来支撑。

在接诉即办改革中，北京市政府一方面着眼于推进多网融合，为“智慧治理”搭建网络基础。北京市将网格化和数字化相结合，在街道乡镇率先推进城市管理网、社会服务管理网、社会治安网、城管综合执法网等“多网”融合发展，实现区、街乡、社区（村）三级在信息系统、基础数据等方面的深度融合、一体化运行。多网融合有助于提升接诉即办的效率和科学化、精细化水平，既是社会治理和民生保障的创新实践，也是执政思维理念的一种全新升级。

案例：西长安街街道“数字红墙”

北京市西城区政府与北科维拓科技有限公司紧密合作，运用大数据、云计算等新技术，历经三年打造了以数据共享为核心的综合社会服务管理系统“数字红墙”，并在西长安街街道率先应用。“数字红墙”包含一个中心（大数据中心）、三大平台（民生服务平台、互联网 + 政务服务平台、网格化管理平台）、四大应用系统（大数据分析系统、应急指挥系统、运行监控系统、绩效监察系统），构建了“用数据说话、用数据管理、用数据决策、用数据创新”的创新治理机制。

另一方面，在通过接诉即办有针对性地解决市民疑难问题的同时，北京市政府也形成了基于上亿个个体诉求的城市体检报告和民生大数据。通过大数据分析，各级政府能够更为有效地明确热点问题，以及不同问题受理量的变化趋势。民生大数据不仅让广大市民的操心事、烦心事、揪心事一目了然，也让职能部门和街道乡镇的工作情况一目了然。同时，根据民生大数据，各级政府还能够预判类似地区的类似问题，进而从解决一个问题到解决一系列问题，实现“未诉先办”。从“闻风而动，有一办一”，到“抓住共性，主动治理”，再到“体察民情，未诉先办”，接诉即办改革在民生大数据的支撑下步步向前，实现了递进式演变。另外，北京市还在大力推进各种智能化设施助力接诉即办，比如推进 12345 热线数智化转型，实现专项诉求智能派单等，使居民诉求以更智能、更“聪明”的方法进行处理，也能在更为丰富的大数据累积中，形成更多的“未诉先办”。

第十一章

精益求精
筑牢首都安全防线

国家安全是民族复兴的根基，社会稳定是国家强盛的前提。习近平总书记深刻指出，“首都的安全稳定在全国社会稳定大局中具有特殊重要意义”，“首都稳、全国稳”。首都北京处在维护国家安全的最前沿，事关全国的政治安全、军事安全、经济安全、文化安全、科技安全、网络安全等，涵盖总体国家安全观所有重要领域，有极其艰巨的维护国家安全的责任和义务。全国安全稳定看北京，作为日益走近世界舞台中央的大国首都，在新的形势下，北京涉及国家安全的各领域面临许多新情况、新特点。作为处于转型发展关键期的超大型城市，北京各项工作都处在聚光灯和放大镜下，必须带头牢固树立总体国家安全观，国家安全意识之弦必须时刻紧绷，各项工作都要做到万无一失。

一、坚持党对国家安全工作的绝对领导，始终把维护政治安全摆在首位

政治安全在国家安全体系中处于核心地位，是国家安全体系和能力现代化的根本。以政治安全为根本，必须毫不动摇地坚持和巩固党的领导地位和执政地位，自觉提升防范和化解政治风险的能力，为中国式现代化提供坚强安全保障。牢记“看北京首先要从政治上看”的要求，要深刻认识防范化解政治安全风险的重要意义。首都广大干部群众必须时刻保持政治警觉，坚决守住政治安全底线。

（一）全面加强政治中心功能建设

首都既是党和国家的窗口，也是党和国家的心脏、首脑和中枢。北京是中央和国家机关中枢办公地点所在地，是重大党务和国务活动开展的地方，重大国际交往活动也常常在这里举行。首都也是国家最高决策形成的地方，国家机密产生、存储最密集区域，攸关国家主权、安全和核心利益。维护我国政权安全必须维护好中央和国家机关及人员的安全，保障中央和国家首脑机关的安全顺畅运行。

1. 把政治中心服务保障摆在首位

面对日益艰巨繁重的重大活动安保任务，首都北京不断强化“主场、主责、主力”的政治担当，创新安保新模式，以“零失误、零瑕疵”的优异表现，圆满完成了建党100周年庆祝活动、北京冬奥会、冬残奥会、党的二十大等重大活动安保任务，实现了安保效果、社会效果、政治效果的有机统一。严格落实首都功能核心区控制性详细规划，统筹利用各类资源，推进功能布局优化，稳步推进核心区功能重组，继续降低核心区人口、建筑、商业、旅游“四个密度”，让核心区“静”下来，全力保障中央政务功能发挥。科学调配利用疏解腾退空间，市属行政事业单位搬迁腾退办公用房与疏解腾退空间优先用于保障中央政务功能，优先用于补充城市基本服务功能。同时健全重大活动保障相关体制机制，坚持“精益求精、万无一失”的首善标准，不断提升服务能力和水平，营造安全、高效、有序的政务环境。

“十四五”时期，北京市将立足迈向中华民族伟大复兴的大国首都新需要，始终如一提高政治站位、强化使命担当，始终如一把全国政治中心的服务保障摆在首位，始终如一把主城区作为工作重心，把突出政治中心与突出人民群众有机统一，适应党和国家机构职能优化、协同高效的深层次需要，结合功能重组，在更大空间范围内形成相对集中、配套完善、运行高效的中央政务功能布局体系，以更优越的空间、更优良的环境和更优质的服务，保障国家政务活动安全、高效、有序运行。

2. 营造优良的政务环境

“十三五”时期，北京市抓好长安街及其沿线规划管控和综合整治，实施南北长街、府右街西侧等重点区域的专项整治，细致开展二环路沿线环境综合整治及景观提升，加强沿线区域空间管控和街区背面治理，加大中心城区基础设施和环境提升投入力度，不断优化提升核心区服务环境。同时，突出抓好老城重点区域和“三山五园”地区专项整治，实施重点地区市容环境景观提升工程。

“十四五”时期，北京市将继续强化环境管控和特色风貌塑造，推动重点区域综合整治。以林荫街巷、特色街道为网络，串联公共建筑，实施绿化和美化工程，增加公园绿地、小微绿地和公共型附属绿地等不同形式的绿色空间，着力改善政务交通环境。开展重点区域城市设计，严控建筑高度和高层建筑审批，落实色彩、建筑等城市风貌精细化管控要求，塑造气势恢宏、大度雍容、舒朗庄重、纲维有序、礼乐交融的空间意象，展现新时代大国气概、民族精神、首都形象。

（二）坚决防范打击敌对势力破坏

北京市坚持完善政治安全、反间谍、涉外安全和抵御非法宗教渗透等协调机制，及时有效识别预警化解各类风险，严厉打击、坚决抵御敌对势力渗透破坏活动，牢牢掌握工作主动权。

北京市加强反恐防暴体系建设，健全常态化打击整治机制，反恐怖斗争纵深推进。公安机关推动市、区两级反恐办规范运行，深入推进严打暴恐专项行动，全面加强重点行业、领域和部位巡查防控，组织开展各类反恐处突演练，进一步完善反恐处突工作的组织指挥、科目设置和处置流程，不断强化涉恐风险隐患排查整治、压紧压实反恐怖工作责任，切实提升应对涉恐突发事件快速反应和处置能力，有力维护了首都社会的安全稳定。持续加大反恐怖社会化宣传和群众举报涉恐涉暴线索奖励力度，牢牢守住了首都反恐底线。在线上，开设公安政务新媒体平台，如“平安北京”双微平台、“北京反恐”等微信公众号，通过法律宣传、以案释法、在线答题、常识普及等多种宣传形式，强化与网民的交流互动和知识宣传普及；在线下，以反恐怖宣传进学校、进企业、进单位、进社区、进家庭的“五进”工作为重点，将反恐宣传活动延伸到各个行业、各个群体。特别是2021年以来，按照公安部开展“反恐怖宣传教育进校园”活动的整体部署，通过拓展校园广播、网站以及校园公众号、微信群等渠道，不断扩大反恐普法宣传覆盖面，全面提升《反恐怖主义法》的知晓度，切实提高全社会反恐防恐意识。

（三）筑牢意识形态安全屏障

习近平总书记反复告诫，意识形态关乎旗帜、关乎道路、关乎国家政治安全。首都北京处在国内外意识形态斗争的最前沿，外交机构、国际政府组织众多，国际非政府组织增多、国际交往项目增多，涉及的领域带有明显的意识形态属性。要切实维护首都意识形态安全，严格落实《党委（党组）意识形态工作责任制实施办法》，坚决管好各类意识形态阵地。

1. 扎实做好新时代高校意识形态工作

习近平总书记在对第二十三次全国高校党建工作会议的批示中强调，要强化思想引领，牢牢把握高校意识形态工作领导权；[①] 在北京大学师生座谈会上指出，马克思主义是我们立党立国的根本指导思想，也是我国大学最鲜亮的底色。[②] 这些重要指示精神，指明了高校意识形态工作的重大意义和战略要点。首都高校众多，青年学生规模庞大，知识分子聚集，在我国高等教育中具有特殊地位，与其他城市相比更受国内外敌对势力的高度关注。首都高校意识形态工作与国际国内大局大势紧密相连，是意识形态工作的前沿阵地，有着“风向标”的意义。

---

① 《习近平就高校党建工作作出重要指示强调　坚持立德树人思想引领　加强改进高校党建工作》，中国政府网，https://www.gov.cn/govweb/xinwen/2014-12/29/content_2798452.htm。

② 徐川、唐志文：《用马克思主义占领网络阵地　用网络彰显马克思主义之美》，《红旗文稿》2018年第13期。

北京市坚持“开门办思政”的鲜明理念，将思政课建设作为党建和意识形态工作的标志性工程摆上重要议程，以首善标准持续深化思政课改革创新，北京市各委办局积极参与到思政课建设工作中来，举全市之力办好学校思政课的大格局基本形成。2020 年，北京市在全国率先创设思政课教师“同备一堂课”机制，通过集体备课，党的创新理论得以及时、准确、全面融入思政教学，进教材、进课堂、进学生头脑。同年，市级思政课案例教学基地在 12345 市民热线服务中心挂牌成立。建成习近平新时代中国特色社会主义思想在京华大地的生动实践教学案例库，“北京城市副中心建设实践”“中关村自主创新实践”等 11 个首都经济社会发展一线的生动实践，作为思政教学案例，推动习近平新时代中国特色社会主义思想入脑入心。[①] 2021 年，北京市深入实施思政课质量保障工程，将 2021 年确定为“质量提升年”，通过“个性化教学诊断”“一师一档”等制度举措打出了一套思政课质量提升的“组合拳”。[②] 具有鲜明北京气质的思政课，正日益成为学生真心喜爱、终身受益的关键课程。

案例：北京市创设思政课教师旁听观摩人大、政协会议机制

2020 年 1 月 10 日，在北京市政协第十三届委员会第三次会议开幕式上，10 余位北京高校思政课教师在“思政教师观摩席位”就座；9 月，16 位学校思政课教师全程旁听观摩了市人大全体会议对公益诉讼检察工作的专题询问。通过思政课教师旁听观摩人大、政协会议机制，思政课教师以亲身经历感受中国特色社会主义民主的优势，通过课堂将亲身感受的制度自信传递给学生。

---

① 《本市持续深化学校思政课改革创新　以首善标准办好立德树人关键课程》，《北京日报》2022 年 3 月 18 日。

② 《京华大地的生动实践化为思政课堂的鲜活案例　高校思政课接地气成了“香饽饽”》，《北京日报》2022 年 6 月 4 日。

2. 打赢网络意识形态斗争

网络空间已经成为人们生产生活的新空间，互联网是我们面临的“最大变量”，已成为意识形态斗争的主战场。过不了互联网这一关就过不了长期执政这一关。对于网络舆论领域的“红色地带”“黑色地带”“灰色地带”，每一个领域都不可忽视，每一场较量都要认真对待，坚决打好、打赢意识形态工作的阵地战。

北京互联网公司众多，集中了全国90%的重点网站，每天有7亿多网民浏览北京互联网，网络文化活跃，网络舆情高发。因此，确保网络意识形态安全是维护首都政治安全的重要内容。北京市出台《北京市党委（党组）网络意识形态工作责任制实施细则》，以此为契机，把互联网管理作为各级党委（党组）的重要工作，做好新形势下网络意识形态工作。坚持党管媒体原则，加强互联网等各类阵地建设管理，严格落实网络安全法等法律法规，健全网络综合治理体系，严防网上意识形态渗透，培育积极健康、向上向善的网络文化。创新工作方法，做好热点问题舆论引导，加大网络乱象整治力度。深化网络社会共治，压实互联网企业的主体责任，积极建设网络群防群治“统一战线”，充分发挥社会力量作用，构建网上网下同心圆，共保网络平安、守护精神家园。

二、强化监督监管，牢牢守住不发生系统性风险底线

党的二十大报告深刻指出，“防范金融风险还须解决许多重大问题”。习近平总书记在 2023 年第 4 期《求是》杂志刊发的重要文章《当前经济工作的几个重大问题》中，再次强调“有效防范化解重大经济金融风险”，要求“坚持标本兼治、远近结合，牢牢守住不发生系统性风险底线”。北京市第十三次党代会报告明确提出“严格防范和有序处置金融等领域风险”“支持和引导资本规范健康发展”“提升开放监管能力”等工作目标，将防范系统性金融风险列为治理的优先方向。

（一）严格防范和有序处置金融等领域风险

金融事关发展全局。当前，我国金融业运行平稳，风险整体可控，但金融风险仍处于易发多发期。金融领域存在的风险隐患和各类社会矛盾引发的突出问题，如不能及时有效妥善处置，会导致矛盾碰头叠加、交叉感染、蔓延升级，向政治安全领域传导。

一方面，贯彻落实党中央和国务院赋予的地方金融监管职责。如国家金融监督管理总局北京监管局持续发挥北京市金融监管协调机制牵头抓总作用，加

快出台符合北京特点的金融支持政策，充分利用包区对接工作机制，建立完善区域金融风险通报、督查等机制，加大市场乱象整治规范力度，稳妥推进高风险金融机构处置。加强金融消费者权益保护，解决群众“急难愁盼”问题，做好首都新市民金融服务。2022 年 6 月，北京市金融监管局推动出台《北京市地方金融监督管理条例》，依法加强地方金融组织属地监管，强化金融风险属地处置责任，严格防范、有序处置重点领域金融风险。

另一方面，精准打击金融犯罪，坚决维护首都金融安全稳定。2022 年以来，北京警方聚力防范首都经济金融重点领域风险，牵动开展打击非法集资、传销犯罪、金融诈骗等专项行动，攻坚查办了一批在北京市乃至全国有影响力的重特大案件，共破获各类经济案件 4500 余起，抓获犯罪嫌疑人 5500 余名。成立北京市首个金融证券侦查专业队伍，创新办案协作机制，牵动破获 38 起证券领域案件，抓获犯罪嫌疑人 91 名，涉案金额 22.3 亿元，塑造了“北京模式”，创立了“北京经验”。[①] 此外，深度、重点打击涉众犯罪、涉税犯罪等，净化市场经营行为，守护群众“钱袋子”安全，有力护航首都经济社会健康发展。如北京警方会同中国人民银行营业管理部、北京外汇管理部，推进打击洗钱和地下钱庄犯罪专项行动，破获相关案件 60 余起，抓获犯罪嫌疑人 90 余名；加强与税务机关联动协作，打击虚开骗税，共计破案 340 余起，抓获犯罪嫌疑人 610 余名，挽回税款损失 14.6 亿元，有效维护了首都税收秩序和税收安全。[②]

（二）规范和引导资本健康发展

习近平总书记强调，必须深化对新的时代条件下我国各类资本及其作用的

① 《北京警方精准打击金融犯罪　成立首个金融证券侦查专业队伍》，中国新闻网，http://www.chinanewa.com.cn/sh/2023/05-13/10006791.shtml。

② 《北京警方：去年以来抓获涉经济案件犯罪嫌疑人 5500 余名》，人民网－北京频道，http://bj.people.com.cn/n2/2023/0515/c82840-40415601.html。

认识，规范和引导资本健康发展，发挥其作为重要生产要素的积极作用。[①]党的二十大再次强调要依法规范和引导资本健康发展。对于当代中国而言，资本能否健康发展，“关系坚持社会主义基本经济制度，关系改革开放基本国策，关系高质量发展和共同富裕，关系国家安全和社会稳定”。[②]

北京市坚持社会主义市场经济发展方向，在深化资本市场改革中完善资本市场基础制度；同时严厉打击和查办各类垄断和不正当竞争行为，引导社会各界积极参与到监管中来，打造多元共治的资本治理格局，全面提升资本治理现代化水平。2012—2022年，北京市公用事业、医药、教育、中介服务等领域反垄断执法深入推进，查处垄断协议案件8起，罚没2493万余元，查处滥用行政权力排除、限制竞争案件9起，审查经营者集中案件14起。2021年12月，《北京市平台经济领域反垄断合规指引》正式发布，为加强平台企业反垄断合规指导树立“北京样板”。[③]2022年6月，北京市市场监管局成立反垄断专家库，完善重大疑难案件指导长效机制，提升平台经济领域反垄断执法水平。

北京制定出台了关于进一步优化营商环境、降低市场主体制度性交易成本的工作方案，围绕降低市场准入门槛、提升监管效能、打造公平竞争环境、降低市场主体经营成本、加强质量技术基础服务、优化涉企服务六个方面，提出具体行动举措，着力破“门槛”、降“成本”、清“路障”、优“服务”，为市场主体发展营造宽松、有序、公平的市场环境，帮助市场主体复元气、增活力，为稳经济、促发展提供有力支撑。

---

① 《习近平谈治国理政》第四卷，外文出版社2022年版，第217页。

② 同上。

③ 《北京：构建公平竞争首善之区》，《中国市场监管报》2022年12月31日。

三、积极推进韧性城市建设，不断增强防灾减灾救灾能力

党的二十大报告指出，要打造宜居、韧性、智慧城市。“韧性城市”是指城市在面临自然和社会压力冲击，特别是遭受重大安全事故、极端天气、地震、洪涝、重大疫情等突发事件时，能够凭借其动态平衡、冗余缓冲和自我修复等特性，保持抗压、存续、适应和可持续发展能力，是城市安全发展的新范式。韧性城市建设为提高城市治理水平、加强城市治理中的风险防控提供了先决条件，是城市可持续发展、高质量发展的必然要求，也是中国加快推进应急管理体系和能力现代化的重要途径。北京作为首都和超大型城市，地位特殊、受关注度高，是全国首个把韧性城市建设任务纳入城市总体规划的城市。同时，北京城市系统复杂，面临的各种风险挑战多，遇到灾害容易发生链式反应和放大效应，对韧性城市建设提出了更为急迫的要求。

（一）建设坚强韧性城市生命线

为有效提升城市运行领域防范应对各类极端天气的水平，提高城市运行在极端天气下承受、适应和快速恢复的能力，最大程度减少极端天气造成的损失和影响，北京加快推进实施天津南港液化天然气应急储备项目及配套的进京输

气管线建设，形成应急储备能力。着力清除城市运行重点隐患，以更多采取分布式、并联式建设为导向，强化电、气、热等城市生命线的综合韧性，提升应对极端天气导致突发事件的基本功能维持和快速复原的效能。

电、气、热是城市生命线的重要组成部分。北京市鼓励对全市范围内使用年限较长、运行环境存在安全隐患、不符合相关标准规范的城市供热老化管道和设施进行改造，符合条件的项目可获市政府固定资产投资支持。按照计划，2025年底前基本完成老化更新改造任务。“十四五”时期，北京市将推进1亿平方米市属老旧小区水电气热管线改造，协助推进0.6亿平方米央属老旧小区水电气热管线改造；实现专业化管理入楼入户，打通管理服务“最后一公里”。2023年，北京市推进80个居住小区水、电、气、热等管线改造纳入市政府重要民生实事项目，涉及东城、西城、朝阳、海淀等13个区。每个项目在自来水、雨污水、电力、燃气、热力等5类管线改造中，一般不少于两种管线，避免因单一管线频繁改造，给小区居民正常的生产生活造成影响。鼓励老旧小区管线改造与加装电梯管线拆改移、综合整治等各类改造相结合，力争老旧小区改造“一次改到位”。①

2022—2023年采暖季，北京市印发《北京市2022年今冬明春保暖保供工作方案》，成立能源保供调度工作小组，统筹做好保暖保供工作，保持政府应急储备，应急燃煤、天然气等做到“应储尽储”。冬供期间，北京燃气集团扩大SCADA监控系统感知范围，通过升级监控系统平台数字化服务功能，实现市域内远郊区非管道气所有站点监控全覆盖，建立调度数字化分析决策系统架构，以多维度、精细化调度方式为生产运营工作的安全平稳运行提供了有力支撑。

北京市消防救援总队与北京燃气集团建立战略合作关系，以“消防＋燃气”应急联动机制，发挥联合作战优势，确保应急处置及时、高效。冬供期间，北

① 张楠：《80个老旧小区管线改造“一步到位”》，《北京日报》2023年6月9日。

京燃气集团启动城市管网三级指挥调度系统，对北京市燃气管网运行工况 24 小时全程监测。北京市每天安排 700 余名职工、70 余辆应急车辆在岗值守，采取驻守与定点巡视相结合的方式，加强对农村地区燃气设施的安全管理，确保煤改气用户安全用气。[①]

（二）保障能源电力安全稳定供应

习近平总书记指出，要确保能源供应，实现多目标平衡，多渠道增加能源供应。[②]一方面，北京市圆满完成重大活动保障任务，并以历次重大活动保障为契机，开展相关区域环境整治提升和隐患排查治理，消除了一批影响城市安全运行的隐患，提升了城市运行服务保障能力和水平。另一方面，针对防汛度夏能源电力保供工作，北京市加强研判、提前预警，统筹联动、科学部署，全力以赴、众志成城，尽最大努力保障了人民群众生命财产安全和城市运行安全。

例如，国网北京市电力公司在政治供电保障中，不断优化保障模式，科学统筹人员力量，因时因势调整策略，不断健全常态化保障机制，形成首都特色、全国领先的政治供电保障体系，实现了“设备零故障、客户零闪动、工作零差错、服务零投诉”的保电目标，实现了由最初“临时调动、突击冲锋”到如今“常态运维、系统管控”质的转变。

2023 年 7 月底，北京遭遇了特大暴雨灾害，国网北京电力贯彻落实北京市和国家电网公司要求，第一时间启动防汛应急预案，三级指挥体系 24 小时不间断运转，11776 名保障人员到岗到位，全面开展设备设施巡视检查、电网运行监视、应急力量机动部署和客户服务保障等工作。针对房山、门头沟等局部地区

---

① 董斯博、杜柳娜：《北京燃气集团圆满完成冬供服务保障任务》，澎湃新闻，http://www.thepaper.cn/newsDetail_forward_224607567?commTag=true。

② 《习近平谈治国理政》第四卷，外文出版社 2022 年版，第 216 页。

供电严峻形势，国网北京电力及时调派专业抢修人员，携带小型发电机、照明灯组、充电方舱、卫星通信车、卫星电话等装备赶赴现场支援，根据天气、道路修复等实际情况开展抢修工作，确保电网安全稳定运行和可靠供电。①降雨期间，国网北京电力主动对接各级政府有关部门，及时掌握防汛工作动态，梳理地质灾害易发生区域的供电设施，配合做好人员疏散转移、应急供电等保障工作；对大坝水闸、桥区泵站等防汛客户及车站、指挥场所、重点医院等城市运行重要客户开展定期巡检，遇到突发事件及时处置；在低洼地区变电站恢复有人值守，增加输电线路和变、配电站室重点设施和区域的巡检频次，通过智能可视化监控系统、溢水报警系统等开展实时监视；及时处置全渠道便民服务平台转接工单，确保快速响应客户用电诉求。③仅仅 4 天，16 个受灾小区全部恢复供电；6 天，30 个乡镇全部通电；8 天，除异地安置村外，全部村庄恢复供电；14 天，全部有人居住村、户恢复市电供应。在北京市委、市政府和国家电网公司党组的统一部署下，国网北京电力全力以赴保障灾区电力供应和群众生命财产安全，以实际行动诠释了人民至上、守护光明的使命和担当。④

（三）提高城市感知预报预警能力

北京市持续提升智能保障水平，通过城市管理信息化建设，搭建平战结合

---

① 解丽：《紧急调配 6 辆发电车国网北京电力全力应对房山、门头沟山洪灾害》，腾讯网，https://new.qq.com/rain/a/20230802A020UV00.html。

② 曹瑾、王萌、郭菲等：《闻汛而动向险而行全力践行对党和人民的光明承诺——国网北京电力抢修保供和灾后恢复重建综述》，北京市人民政府网站，https://www.beijing.gov.cn/ywdt/zwzt/fxjzhfcj/zjjzyx/202308/t20230825_3230564.html。

③ 朱春晔、李艳娜：《国网北京电力公司多举措应对强降雨　确保电网安全运行》，中国电力网，http://www.chinapower.com.cn/dww/zhxw/20230731/211330.html。

④ 曹瑾、王萌、郭菲等：《闻汛而动向险而行全力践行对党和人民的光明承诺——国网北京电力抢修保供和灾后恢复重建综述》，北京市人民政府网站，https://www.beijing.gov.cn/ywdt/zwzt/fxjzhfcj/zjjzyx/202308/t20230825_3230564.html。

的城市运行调度指挥体系，利用大数据平台、云计算手段，构建“一网统管”的城市运行应急管理体系，完善监测预警、指挥通信、辅助决策、抢险救援等系统和装备，提高极端天气风险防范应对智能化水平，努力做到极端天气“没来时有底，快来时能防，真来时能治”。

2022 年 9 月，北京市首个韧性城市综合运行监测平台在怀柔正式投入使用。怀柔韧性城市建设一期项目作为北京市区级试点，聚焦韧性城市、公共安全、城市安全，包括韧性城市燃气安全运行监测专项、电动自行车消防安全专项、韧性城市技术迭代平台和综合运行监测中心等建设内容。过去，社区工作人员只能定期入户排查，去发现燃气安全隐患；现在，燃气安全传感器实现了全天候的监测，并将数据实时回传至平台，一旦发现异常，监测运行平台将第一时间进行预警，工作人员可以通过电话或短信联系居民处置，如果没有得到居民响应，还会联系社区工作人员前往现场，有效降低了安全隐患的发生和事故的出现。

截至 2023 年 5 月，怀柔韧性城市综合运行监测中心共监测到 1400 余条燃气报警信息和 1800 余条消防安全报警信息，各单位协调联动，成功处置主要泄压阀橡皮圈丢失、使用操作不规范、液化气使用之时离开、设备老化等 41 起燃气安全隐患事件，实现了城市安全运行的实时监测、风险隐患及时预警和闭环处置，保障用户生命财产安全。①

案例：海淀智慧气象实现对灾害性天气由点到面实时监测

近年来，北京市海淀区瞄准灾害性天气精密监测、精准预报，以“海淀城市大脑”城市感知网、AI 计算中心、时空一张图框架为数据基座，建设智能化、数字化、可视化海淀“气象大脑”，为科技防汛

① 《“怀柔韧性城市建设一期项目”荣获 2023 中国国际大数据产业博览会优秀项目奖》，北京市怀柔区人民政府网站，http://www.bjhr.gov.cn/ywdt/hrkx/202305/t20230529_3116028.html。

提供保障，让市民生活更便利，最大程度减少气象灾害对市民生命财产、生产生活造成的影响。智慧气象依托人工智能技术，对暴雨、暴雪、冰雹、大雾等灾害性天气开展自动识别，实现“气象传统站＋水务站＋微型站＋智能识别”多类型、多手段、多模式的气象实况“数据集”，随时感知“天脸”。海淀区通过10000多路高清摄像头，依托人工智能技术和图像识别技术，实现了对全区灾害性天气从点监测到面监测的转变，提高对海淀区灾害性天气的监测预报预警能力。[①]

① 陈子凌：《气象风云可测　护航百姓生活——海淀智慧气象实现对灾害性天气由点到面实时监测》，新浪财经，https://finance.sina.com.cn/jjxw/2023-02-02/doc-imyehims9890637.shtml。

四、夯实基层基础，建设更高水平的平安北京

平安中国建设是中国式现代化的前提。党的二十大对建设更高水平的平安中国作出了战略部署、提出了新的要求。北京在全国率先建立平安建设领导协调机制，构建起市区街道（乡镇）三级上下贯通，各部门齐抓共管、联动融合的平安建设工作体系，建立健全“1 办 8 专项 11 个行业组”协调运行机制，有效整合各地区各部门资源力量，形成齐抓共管、协调联动的“大平安”格局。

（一）完善矛盾纠纷多元化解和诉源治理机制

北京坚持和发展新时代“枫桥经验”，常态化开展矛盾纠纷大排查大化解，纠纷多元化解工作取得显著成效，诉调衔接机制不断完善，前端化解能力明显提升，线上解决机制灵活便民，信息化优势凸显，基层矛盾化解已形成“政府 + 企业”协同、“电视媒体 + 专家介入”和“社会组织 + 专家介入”等多种模式。2017—2022 年，共排查各类矛盾纠纷 48497 件次，矛盾化解率保持在 90% 以上。结合“吹哨报到”、接诉即办，积极开展“枫桥式公安派出所”创建，推进“穿警服的副书记”“西城大妈”“朝阳群众”等专群结合工作，推进矛盾纠纷源头

化解，以基层“小网格”托起首都“大平安”。[①]

2017 年，中央和北京市委发出进一步完善矛盾纠纷多元调解机制的号召，房山区在北京市率先成立区级矛盾纠纷多元调解中心，进一步整合全区人民调解、行业调解、行政调解等非诉讼纠纷解决力量，吸纳市场监管、生态环境、水务、体育等 18 个行政部门和建筑工程、交通事故损害赔偿、旅游、医疗等 14 个行业性、专业性纠纷调解委员会深度参与，探索建立“一站式”司法确认机制，有效提高多元调解工作质效。2019 年以区委名义制发的《关于完善矛盾纠纷多元化解机制、深入开展诉源治理工作的意见》，成为北京市首个区级诉源治理规范性文件，为高位推动诉源治理工作开展提供了有力组织保障和制度保障。针对非诉讼解纷力量与司法审判衔接不够紧密的问题，2021 年 5 月，房山区选取总面积 5800 平方米新址，推动区矛盾纠纷多元调解中心与区法院多元解纷诉调对接中心“两中心”从场所到机制无缝衔接，推动辖区人民调解组织、行业调解组织、相关行政部门、检察服务 e 站、律师等非诉讼解纷资源全部入驻，建立起“一站式接待、一揽子调处、全链条服务”实体化平台，形成了“区委统筹领导、非诉机制挺前、司法确认保障、法院裁判终局”的房山特色矛盾纠纷多元化解体系。

北京法院坚持党建引领，推进诉源治理办实事。门头沟法院建立“一统领三嵌入”党建工作机制，东城法院党建引领“和立方”为诉源治理提供加速度，西城法院“群众需要法官来到”党建品牌为群众办实事，朝阳法院“互联共融”完善党建引领诉源治理工作机制，石景山法院“五联五进”推动基层党建和诉源治理融合，房山法院党建引领办实事打造解纷“快车道”。

---

① 《砥砺前行　绘就依法治国北京新画卷——平安北京建设五年综述》，光明网，https://legal.gmw.cn/2022-06/28/content_35843226.htm。

知识链接：“和立方”

“和立方”得名于“水立方”，是东城区法院立案庭负责人韩毅兵提出的概念。具体而言，“和立方”是指在法院主导下，以法院为原点，连线吸纳各方调解力量，整合社会各界力量构建的立体化矛盾化解机制，用法治保障和合的社会氛围，特点是一点为基、多点连线、面面俱到、立体解纷，具备司法终局保障和一站式解决纠纷的工作力度，其中最主要的特色在于以法院为原点进行多点连线伸出的各个触手——诉调对接工作站。

（二）重拳出击夯实安全之基

在北京，“平安”二字意义非凡，是民生也是民意。北京警方聚焦首善之区平安建设，聚焦公安主业，攥紧“打”的拳头，严惩人民群众深恶痛绝的突出违法犯罪，展开安民护民的实际行动。北京公安常态化推进扫黑除恶斗争，深化“两级管理、三级打击”大刑侦体系建设，瞄准电信网络诈骗、跨境赌博和盗抢骗等突出违法犯罪，攻大案、破小案、清积案并重，掏窝点、打团伙、断链条并举。截至 2022 年，北京刑事警情 5 年连创新低，街头、社区发案 10 年最低，九类涉恶案件破现案率达 95%，创历史新高。①

知识链接：“两级管理、三级打击”大刑侦体系

北京市公安局实行“两级管理、三级打击”大刑侦体系建设。在两级管理中，一级管理主要是指刑侦总队对于全局各类刑事案件的管

① 《北京警方亮出五年工作“成绩单”》，《北京日报》2022 年 5 月 26 日。

理和统筹，二级管理主要是指各分局刑侦支队对于各分局辖区内刑事案件的管理和立案侦查。在三级打击中，一级打击主要针对刑侦总队主责侦办的案件，二级打击主要针对各分局刑侦支队主责侦办的案件，三级打击主要针对派出所主责侦办的案件。

对违法犯罪保持高压严打态势的同时，北京公安探索创新融合执法、并肩治乱，发挥警种“角色互补”作用，打造一警多能、一岗多责、全科执法的警务运行新机制，紧盯涉及交通、治安、环境等“群众身边的小案、警察眼皮底下的违法”，坚持“非勤务即清查”，确保“天天有重点、日日有行动”，500支综合执法小分队每日街面巡控，开展隐患排查和乱点整治。同时，针对重点地区创新综合治理模式，故宫周边秩序类警情保持“零接报”。对北京警方来说，不管是社会关注的大案要案，还是一起普通的街头纠纷，只要事关群众安全感，只要事关首都城市平安，就要坚决依法打击。

（三）完善立体化、信息化、智能化社会治安防控体系

党的二十大提出，要大力推进公共安全治理模式向事前预防转型。近年来，北京公安在重拳打击违法犯罪的同时，一直在践行各项警务工作由“被动保平安”向“主动创平安”转变的理念，不断推进社会治安防控体系提档升级。北京市公安局平安办相关负责人介绍：“我们就是要从时、域、效各方面打造全维度立体化的社会治安防控体系，以绣花的精神把守护百姓安全的防护网织得更密更完善，把各种风险隐患防范化解于未然之时，最终绘成首都城市繁荣的平安底色。”

为实现治理模式的转变，北京公安有效抓实科技兴警，不断推动智慧警务

提档升级，“智慧平安小区”建设成果斐然，实现了社区防范从“粗放型”向“数字型”转变。在网络空间，同样全时防控，不断深化系列“净网”专项行动，积极探索实践“全警种参与、规模化收网、全链条打击”工作模式，努力打造清朗网络空间。[①]

（四）织密织牢安全生产责任体系

北京市牢牢抓住安全生产责任制这一关键环节，实行管行业必须管安全、管业务必须管安全、管生产经营必须管安全，强化和落实生产经营单位主体责任与政府监管责任。同时，全面落实市、区两级安全生产督察制度，高标准完成了对各区和23个市级行业部门的全覆盖督察，区委、区政府对属地街镇和区级行业部门开展驻地督察，打通责任落实“最后一公里”。

北京市十五届人大常委会第三十九次会议审议通过了新修订的《北京市安全生产条例》（以下简称《条例》），此次修法突出了北京市的地方特色，注重完善新兴行业、领域生产经营单位的责任规范，以安全促发展，实现安全与发展良性循环。《条例》共六章六十六条，分为总则、生产经营单位的安全生产保障、安全生产的监督管理、生产安全事故的应急救援、法律责任和附则，明确了各级人民政府、安委会、街道办事处的安全生产监管职责，明确了市、区应急管理部门实施综合监管，负有安全生产监督管理职责的部门对本行业、领域安全生产工作实施监管。为了提升安全生产管理效能，促进安全生产治理体系和治理能力现代化，此次修改《条例》，重在健全监管体系，明确监管责任，堵住监管漏洞，疏通监管堵点。《条例》规定，新兴行业、领域的安全生产监管职责不

① 《北京公安：深耕社会治安“全维度”防控体系建设　把平安护在祖国心脏处做到百姓心坎里》，《人民公安报》2022年12月20日。

明的，由市、区人民政府按照业务相近的原则确定监管部门。

针对单位主体责任的制度设计，一方面，明确了生产经营单位主要负责人是本单位的安全生产第一责任人，其他负责人对职责范围内的安全生产工作负责，还明确了主要负责人、专职分管负责人、安全总监、安全生产管理机构和人员的具体职责。要求生产经营单位落实全员安全生产责任制、安全风险分级管控、加强安全生产标准化建设。另一方面，在确保安全生产的前提下，对小微企业和安全风险较低、信用良好的生产经营单位采取差异化监管措施，有利于减轻企业负担、优化营商环境。

首都安全稳定事关党和国家工作全局，事关国家长治久安，决不能有丝毫闪失。要牢固树立总体国家安全观，坚持底线思维和极限思维，密切关注政治、经济、社会等重点领域风险，主动适应中国式现代化新场景，展现新时代首都国家安全工作成果，为率先基本实现社会主义现代化保驾护航。

华人民共和国万岁
世界人民大团结万

第十二章

牢记使命
全面从严治党走向深入

党的二十大报告指出，从现在起，中国共产党的中心任务就是团结带领全国各族人民全面建成社会主义现代化强国、实现第二个百年奋斗目标，以中国式现代化全面推进中华民族伟大复兴。这是中华民族迈向第二个百年奋斗目标的总动员，全党要按照党中央的号召把工作重心落到这个中心任务上来。全面建设社会主义现代化国家、全面推进中华民族伟大复兴，关键在党。全面从严治党永远在路上，党的自我革命永远在路上。北京市委认真贯彻全面从严治党战略部署，以崭新的精神面貌、高涨的工作热情把保障奋力书写中国式现代化的北京篇章作为全部工作的主题，坚定不移推动习近平新时代中国特色社会主义思想在京华大地形成更多生动实践。

在北京市委坚强领导下，全市党员干部坚定拥护“两个确立”、做到“两个维护”，以首善标准推进全面从严治党，在工作中展现出的讲政治、能扛活、有情怀的鲜明特质，为探索首都全面从严治党的实践提供了有力保障。

一、坚持以党的政治建设为统领，时刻牢记“看北京首先要从政治上看”的要求

北京市在率先基本实现社会主义现代化的进程中，坚持以党的政治建设为统领，旗帜鲜明讲政治，始终在政治立场、政治方向、政治原则、政治道路上同以习近平同志为核心的党中央保持高度一致。

（一）旗帜鲜明讲政治，牢牢把握正确政治方向

首都工作关乎“国之大者”，北京市委强调坚持和加强党的全面领导，最重要的是坚决维护党中央权威和集中统一领导。北京市委认真执行《中共中央政治局关于加强和维护党中央集中统一领导的若干规定》，出台了《中共北京市委关于维护党中央集中统一领导的规定》并及时修订。将习近平总书记对北京一系列重要讲话精神和重要指示，分解为重点任务，跟踪督办落实。贯彻落实《中国共产党重大事项请示报告条例》，重要情况及时向中央请示报告。

北京市委强调进一步提高政治站位，坚持首善标准，教育引导广大党员干部不断提高政治判断力、政治领悟力、政治执行力，坚定拥护“两个确立”，增强“四个意识”、坚定“四个自信”、做到“两个维护”，坚持不懈用习近平新时代中国特色社会主义思想武装头脑、指导实践、推动工作。

（二）健全党的领导制度体系，创新和改进领导方式

北京市委在贯彻落实中央精神的过程中，不断提高政治判断力、政治领悟力、政治执行力，不断增强科学把握形势变化的能力，建立健全不折不扣执行党中央方针政策的制度机制。北京市委制定并严格执行市委工作规则。不断健全北京市委常委会议事规则和决策程序，坚持和完善北京市各级机关部门定期向北京市委常委会报告工作及市级部门党组（党委）、区委向市委请示报告工作等制度。北京市委出台议事协调机构管理办法，进一步完善党对重大工作的领导体制机制，强化议事协调机构职能作用。定期召开区委书记、市直部门党组（党委）书记工作点评会，推动党的领导落实到具体工作制度之中。

（三）把党的政治建设摆在首位，贯穿党的建设全过程

党的政治建设是党的根本性建设，决定着党的建设方向和效果。北京市委坚持把党的政治建设摆在首位，全面推进党的思想建设、组织建设、作风建设、纪律建设，把制度建设贯穿其中，深入推进反腐败斗争。北京市委强调指出，要把使命铭记在心底，把奋斗写在征程上，以功成不必在我的精神境界和功成必定有我的历史担当，踔厉奋发、笃行不怠，努力在新的赶考之路上赢得更大的胜利和荣光。

案例：旗帜鲜明讲政治，中心工作担重任

北京市市直机关是贯彻落实中央决策部署和市委工作要求的“第一方阵”，在讲政治上应走在前列。北京市市直机关以当好“四个表率”、建设模范机关为指引，引导机关党员干部深刻认识北京作为首都，必须认真落实“看北京首先要从政治上看”的要求，带头拥护“两

个确立”，增强“四个意识”、坚定“四个自信”、做到“两个维护”。学懂弄通做实习近平新时代中国特色社会主义思想。把推动机关党员干部学习习近平新时代中国特色社会主义思想作为头等大事。强化政治机关意识。引导机关党员干部深刻认识到市直机关第一要求是旗帜鲜明讲政治。坚持讲政治与强业务有机统一。坚持把模范机关创建工作与机关党建工作紧密结合起来。严守政治纪律和政治规矩。严格执行《中国共产党重大事项请示报告条例》，制定市直机关党建工作重大事项请示报告办法，切实做到“五个必须”，坚决防止“七个有之”。

二、强化思想理论武装，推动党的理论创新成果入脑入心

全面从严治党要求加强思想理论武装，推进中国式现代化需要在马克思主义中国化时代化最新成果指导下开拓新局面。当前，加强党的思想建设重点是用习近平新时代中国特色社会主义思想武装全党，推动学习贯彻习近平新时代中国特色社会主义思想往深里走、往心里走、往实里走。

（一）打造思想教育的主阵地

在思想理论教育上，坚持将学习贯彻习近平新时代中国特色社会主义思想作为重中之重。北京市委理论学习中心组把学习习近平新时代中国特色社会主义思想作为重点，认真贯彻落实中央精神。发挥党校主渠道、主阵地作用，分层分类组织学习培训工作，推动习近平新时代中国特色社会主义思想入脑入心。在市委党校主体班次设置“党性教育”单元，系统开设党的理论创新、党章党规党纪、党的宗旨作风等课程，强化理想信念教育，引导全市党员干部进一步加强党性修养和党性锻炼。完善重大政治理论轮训机制，加大培训力度。在市级层面，重点抓市“两委”委员和市管干部全员轮训、镇街党（工）委书记培训；在区级及以下层面，抓住处级干部集中培训、支部书记全员轮训，抓好基层党

员进党校工作。紧密结合重大活动对党员干部进行思想教育，推进“两学一做”学习教育常态化制度化、扎实开展党史学习教育、学习贯彻习近平新时代中国特色社会主义思想主题教育等，建好用好“学习强国”北京学习平台。

（二）深化科学理论研究

在思想理论研究上，围绕习近平新时代中国特色社会主义思想深化理论研究，加强中国特色社会主义思想体系研究中心、马克思主义学院建设。党的十九大后，北京市成立了习近平新时代中国特色社会主义思想研究中心。研究中心下设研究基地，围绕学习贯彻习近平新时代中国特色社会主义思想，结合北京工作的实际，多层次、多维度、多视角研究阐释党的理论创新成果，对习近平新时代中国特色社会主义思想的基本要义、丰富内涵、精神实质、重大意义等进行深入研究，形成了一大批优秀研究成果。

（三）持续推进重大主题宣传

在思想理论宣传上，围绕主旋律，持续推进“在习近平新时代中国特色社会主义思想指引下新时代新作为新篇章”等重大主题宣传。围绕北京“五子”联动融入新发展格局、打赢疫情防控阻击战等战略举措和进展成效，精心策划主题宣传，科学做好热点舆论引导。推进媒体深度融合发展，持续加强“学习强国”平台以及新时代文明实践中心和区级融媒体中心建设，策划推出《壮丽70年时间都知道》《全面小康　全面解码》等通俗理论电视节目，开展“理论+百姓+文艺”轻骑兵式宣讲。通过“键对键”“面对面”结合，推动党的创新理论直抵人心，引导干部群众深刻感悟“两个确立”的决定性意义，增强“两个维护”的行动自觉，以奋发有为的精神状态推动新时代首都发展。

三、加强党的组织建设，充分发挥战斗堡垒作用

加强组织建设，为全面推进中国式现代化提供队伍保障。党的干部是党和国家事业的中坚力量。人才是实现民族振兴、赢得国际竞争主动的战略资源。党的基层组织是确保党的路线方针政策和决策部署贯彻落实的基础。通过大力加强党的组织建设，为中国式现代化建设源源不断输送具有强大战斗力、凝聚力的干部，建设适应中国式现代化要求的党的基层组织。

（一）建设一支高素质党员干部队伍

北京市委深入贯彻新时代党的组织路线，把选人用人作为关系党和人民事业的关键性、根本性问题来抓，坚持好干部标准，锻造与实现“两个一百年”奋斗目标相适应、与首都定位相匹配的高素质专业化干部队伍，为推动新时代首都发展提供坚强组织保证。坚持把政治标准放在首位。北京市委高度重视党的政治建设，强调培养干部首要的是提高政治素养、政治能力，把学懂弄通做实习近平新时代中国特色社会主义思想作为首要政治任务，大力强化干部教育，使广大党员干部经受全面深刻的政治教育、思想淬炼和精神洗礼。在选人用人上，突出政治标准，把政治素质考察摆在重中之重，把政治标准、政治

要求体现在干部选拔中。出台《加强领导干部政治素质考察的办法》，坚持在重大斗争一线识别干部。同时，注意选优配强领导班子。认真贯彻《2019—2023年全国党政领导班子建设规划纲要》，统筹干部资源，在重点工作中配备干部。结合市里重大工作强化干部在实践中、在一线中进行政治历练，选拔局处级干部跨地区、跨部门、跨行业交流任职，提高政治站位以及领导具体工作的本领。在干部日常管理上，强化日常监督。制定实施《中共北京市委贯彻落实〈党政领导干部考核工作条例〉的若干措施》，将干部管理的流程进一步细化在日常、年度、专项、任期等环节上。制定实施《关于激励干部担当作为实施容错纠错工作办法（试行）》《北京市纪检监察机关严肃查处诬告陷害为干部澄清正名工作办法（试行）》等，保护干部的积极性和合法权益。制定实施《北京市关于加强对“一把手”和领导班子监督的若干措施》，巩固领导干部个人有关事项报告专项整治成果。不断健全符合首都特点的党管干部选贤任能制度机制。出台选拔任用、考核管理等一系列配套政策和制度，进一步鲜明用人标准、优化选拔流程、完善工作机制，有效提升干部工作科学化水平。

北京市委坚持党管人才原则，做好人才管理工作。采取清单化管理、项目化推进、责任制落实方式，稳步推进各项重点任务的落实。在工作机制上，将北京市人才工作领导小组调整为北京市委人才工作领导小组，市委书记任组长，召开市委人才工作会议研究实施人才工作。组建北京市人才工作局，制定实施新时代推动高质量发展人才支撑五年行动计划，制定实施国际科技创新中心建设人才支撑保障行动计划，研究北京高水平人才高地建设方案等。通过深化改革，大大激发了人才干事创业活力，基础前沿、共性关键技术研究的世界级成果接连涌现。北京市全方位培养、引进、用好各方面优秀人才，全市人才资源总量达到781万人，人才对全市经济增长贡献率达到56%，为北京建设国际科技创新中心提供了坚强人才保障。[1]

案例：石景山区探索全方位考察干部政治素质的办法

石景山区研究出台《关于加强处级领导干部政治素质考察的实施办法》，细化评价指标、优化考察形式、强化结果运用，坚决把政治上的“两面人”挡在门外，着力打造忠诚干净担当的高素质专业化干部队伍。细化评价指标，立好考察标准“硬标尺”。建立“五看十关注”全方位、多角度政治素质考察评价体系，围绕政治忠诚、政治定力、政治担当、政治能力、政治自律5个方面，重点关注政治理论学习、政绩观树立、斗争精神与本领、执行政治纪律和政治规矩情况等10个方面具体表现。深化结果运用，拧紧选拔任用“总开关”。

（二）增强党组织政治功能和组织功能

牢固树立大抓基层的导向，增强基层党组织的政治功能和组织功能。北京市组织系统高度重视坚持和加强党的全面领导，建立完善基层党组织发挥作用机制，探索创新党建引领首都超大城市社会治理。大力推进党建引领基层治理，开展“街乡吹哨、部门报到”改革，探索接诉即办机制。在基层政权建设中，大力提升村、社区治理能力。在换届中注重高标准推进村和社区“两委”换届选举工作。重点突出政治标准、严明换届纪律、严查拉票贿选行为，对软弱涣散村党组织集中攻坚，持续开展整顿工作。加快治理提升工作，推进超大社区

① 《深入贯彻新时代党的组织路线　为推动新时代首都发展提供坚强组织保证——市第十二次党代会以来全市组织工作综述》，《北京日报》2022年6月15日。

拆分，实现社区公共卫生委员会、村级医疗卫生机构全覆盖，逐步推进老旧小区改造。在深化党建引领基层治理中，着力打造共建共治共享的基层治理体系。在党组织建设强基固本上，出台贯彻落实机关基层组织工作条例若干措施，认真落实党支部工作条例，在全市 10 多万个党支部全面开展标准化规范化建设。

大力提升各领域基层党建质量。为适应首都新兴领域蓬勃发展态势，北京市成立市、区两级“两新”工委，率先探索新业态、新就业群体党建工作，深入推进党建引领“两新”组织健康发展，党在新兴领域的号召力、凝聚力、影响力进一步增强。推进党务工作规范化建设，大抓建章立制、规范发展工作，把基层党组织建设与落实重大部署、推进重点任务、保障重大活动结合起来，围绕冬奥会、抗击新冠疫情等重点工作发挥作用。

案例：西城区深化践行“红墙意识” 构建城市基层党建新格局

西城区对标党的二十大提出的深入推进新时代党的建设新的伟大工程，对标推动新时代首都发展新任务新要求，印发《关于开展“红墙先锋工程”推动区域高质量发展的实施意见》，制定“红墙先锋工程”“1+6”文件制度体系，着力破解机关、国资、教育、卫生、街道、两新六大系统（领域）基层党建重难点问题，着力构建增强政治领导力、强化思想引领力、提高组织凝聚力、提升发展推动力、锻造自我革新力的基层党建“五力”机制。

围绕打造全国城市基层党建示范区，西城区制定出台加强核心区城市基层党建意见和推进清单，在北京市率先出台基层党组织组织力提升意见，探索拓展基层党组织组织力评价体系，深入开展组织力提升行动，有效构建“纵向同力、横向同心”的城市基层党建格局，核心区基层党建工作凝聚力、向心力显著增强。

四、坚持以严的基调正风肃纪，不断加强党的作风建设

全面推进中国式现代化，要求我们党在保持优良传统、优良作风的同时，把党的优秀基因注入新时代党的建设中去。全面推进中国式现代化，要求我们党要在树新风、开新局上下功夫，以严格扎实的作风为党和人民的事业增光添彩。

（一）持续深化落实中央八项规定精神，纠“四风”树新风

北京市委坚持锲而不舍落实中央八项规定精神，毫不松懈纠治“四风”。守住重要节点，紧盯薄弱环节，以徙木立信的精神，化风成俗，以优良党风引领社风民风。对享乐主义、奢靡之风露头就打，坚决防止反弹回潮。对形式主义、官僚主义深挖根源、找准症结，科学精准靶向纠治。近年来，北京市出台了《关于解决形式主义突出问题为基层减负的若干措施》等文件，开展“四风”问题专项巡视巡察。坚持从小切口入手，强化节点监督模式。持续整治形式主义、官僚主义，深入纠治享乐主义、奢靡之风，集中整治违规配备使用公务用车、违规收送礼品礼金、违规发放津补贴或福利、违规吃喝等突出问题，深挖细查公职人员“四风”和腐败问题，坚定不移纠“四风”树新风。

为强化不敢腐的震慑，北京市坚守重要时间节点，坚持节前通报曝光、警示提示，节日期间四级联动、监督检查，节后集中处置。自 2018 年 2 月起，坚

持每月向社会公开查处违反中央八项规定精神问题。2020 年北京市全面从严治党（党建）工作考核民意调查中，落实中央八项规定精神工作效果的满意率为 96.7%，连续两年在各项工作效果评价中排名首位，群众对落实中央八项规定精神、纠治“四风”工作成效高度认可。[①]

（二）以严明的纪律整饬党风政风

北京市委强调把纪律建设摆在更加突出位置，营造守纪律、讲规矩的良好氛围，要求党员干部进一步牢固树立党章意识，把党章各项规定落实到行动上、落实到各项事业中。坚持执纪必严、违纪必究，不断增强党员干部的纪律规矩意识。开展经常性的纪律教育，让党员干部学纪明纪守纪。以加强党的纪律建设带动党风政风。围绕习近平总书记对北京重要指示批示精神贯彻落实情况开展“回头看”，严肃查处表态多调门高、行动少落实差等问题。北京市要求精简会议，严控会议规模，提高会议质量，多开研究问题、推动工作的专题会、视频会。同时，把严控发文数量、提高文件质量作为日常工作的一项基本要求。经过持续不断的努力，取得阶段性成果。

案例：北京严肃整治“文山会海”[②]

2019 年年初，西城区委组织召开年度组织、宣传、统战工作部署会，许多干部在接到会议通知后惊喜不已——组、宣、统工作会，过去怎么也得占三个半天，如今不仅三会合一，会议时长还压缩到了 90 分钟以内。

---

① 武红利：《北京：用恒温恒劲纠治“四风”》，《中国纪检监察》2021 年第 9 期。

② 王超、郑伟峰：《北京：让干部扎根基层解民忧》，《中国纪检监察报》2019 年 8 月 29 日。

近年来，北京市持续开展“文山会海”专项整治，发文、会议数量逐年下降。2019 年上半年，市级发文数量精简 33.9%，全市性会议数量大幅减少。市纪委监委将整治“文山会海”纳入全面从严治党（党建）工作考核，重点采取动态抽查、现场督查等方式跟进监督检查，动态化考核履责成效。同时，对发现的苗头性、倾向性问题及时梳理，督促整改。

（三）巩固发展党的作风建设新格局

北京市委持之以恒正风肃纪，严厉打击形形色色“四风”问题。同时，深入开展党的优良传统和作风教育，健全作风建设长效机制，巩固发展以优良党风政风带社风民风的作风建设新格局。北京市委紧盯领导干部特别是主要领导干部，推动树立正确政绩观，认真践行党的群众路线、紧密联系群众，强调到一线解决问题。坚持和完善重点工作现场推进会、区委书记和市直部门党组（党委）书记月度工作点评会等制度做法。市委党建工作领导小组会议、市领导调研座谈会放到一线去开，农户帮扶座谈会放到远郊低收入村去开。加强和改进调查研究，完善党员干部联系群众制度。开展市委书记、市长“双调研”，增加“四不两直”调研频次。加快构建廉政教育体系。紧扣“监督保障执行、促进完善发展”职责职能，深化以案为鉴、以案促改，做深做实做细查办案件“后半篇文章”。在重点打造北京市全面从严治党警示教育、党性教育、纪律教育三大基地基础上，系统构建“3+N”北京廉政教育地图，进一步夯实党员干部“不忘初心、牢记使命”的思想根基，坚定党员干部理想信念，使不想腐的堤坝越筑越牢。

五、持之以恒反腐败，自我革命永远在路上

全面推进中国式现代化，要发扬彻底的自我革命精神，不断夺取反腐败斗争的新胜利。全面从严治党永远在路上，党的自我革命永远在路上。在党中央领导下，北京市委从政治上考量，着力找准定位、履行职责，坚定不移推进全面从严治党，持之以恒推进反腐败斗争。

（一）始终保持惩治腐败高压态势

北京市坚决拥护“两个确立”，做到“两个维护”，以强有力的政治监督贯彻落实习近平新时代中国特色社会主义思想。聚焦党中央重大决策部署和习近平总书记重要讲话指示批示精神贯彻落实情况，不断推进政治监督具体化、精准化、常态化。北京市纪委、市监委紧紧围绕首都工作大局，协助市委推进全面从严治党、加强党风建设和组织协调反腐败工作，深化纪检监察体制改革，发挥监督保障执行、促进完善发展作用，以纪检监察工作的高质量服务保障首都发展的高质量。

近年来，北京市委一体推进不敢腐、不能腐、不想腐，始终保持惩治腐败高压态势。北京市纪检监察机关认真履行监督责任，坚持无禁区、全覆盖、零

容忍，坚持重遏制、强高压、长震慑，坚持受贿行贿一起查，坚持有案必查、有腐必惩，反腐败斗争取得压倒性胜利并全面巩固。紧盯“关键少数”，严肃查处局处级“一把手”腐败问题。强化系统治理，重点开展规自、政法、国企、金融、高校以及人防、供销社、开发区、粮食购销等系统领域专项治理。北京市第十二次党代会后的五年间，纪检监察机关共接收检举控告类信访举报 184749 件次；立案 21040 件，其中给予党纪政务处分的有 17535 人。在高压震慑和政策感召下，有 363 人主动投案、4666 人主动交代问题。坚持系统施治、标本兼治，做好查办案件“后半篇文章”。注重在办案中发现问题，向党委和有关单位提出纪检监察建议，有针对性制发纪检监察建议书，推动办案、整改、治理贯通融合。[①]

（二）健全党统一领导反腐败工作的体制机制

纪检体制改革以来，北京市在加强反腐败领导体制和工作机制方面取得新成效。加强上级纪委对下级纪委的领导，建立下级纪委向上级纪委报告工作制度。落实区纪委书记、派驻纪检监察组组长向市纪委全会述职制度，建立健全领导干部插手干预监督执纪问责审查工作记录制度。制定查办腐败案件以上级纪委领导为主的实施意见、重大事项请示报告具体措施、派驻机构请示报告办法等，将加强党的领导贯穿于监督执纪执法工作全过程各方面。北京市委印发《北京市关于加强对“一把手”和领导班子监督的若干措施》，强化对“关键少数”特别是“一把手”的日常监督。全面推进市区监委向本级人大常委会报告专项工作，北京市监委在全国省级监委中率先开展报告工作。贯彻《关于推进新时代首都巡视工作高质量发展的意见》，落实市委常委会会议、市委书记专题

① 《北京市纪律检查委员会工作报告全文》，《北京日报》2022 年 7 月 19 日。

会议听取巡视情况汇报制度，贯彻《市级党员领导干部带头落实巡视整改工作若干措施（试行）》，创新市委书记专题会议点人点事督办机制，健全北京市领导督促整改工作机制，建立健全巡视发现问题“一张清单到底”机制，完善巡视反馈和整改落实情况定期报告机制。坚决落实习近平总书记关于“在北京要建立基层巡察制度”要求，构建巡视巡察工作战略格局，推进巡视工作规范化建设，充分发挥巡视巡察综合监督作用。健全党统一领导、全面覆盖、权威高效的监督体系，完善权力监督制约机制，让权力在阳光下运行。制定监督执纪工作规则实施细则，健全监督执纪执法权力运行内控机制。强化执纪执法贯通、有效衔接司法制度改革。落实全面从严治党政治责任，用好问责利器。

北京市加强廉洁文化建设，高度注重发挥警示教育作用。出台《北京市贯彻落实〈关于加强新时代廉洁文化建设的意见〉的实施方案》。通过召开警示教育大会、拍摄警示教育片、制发纪检监察建议书等方式，不断完善以案说德、以案说纪、以案说法、以案说责工作制度，有针对性发挥教育作用。

北京市第十二次党代会以后的五年间，纪检监察工作突出制度建设主线，健全监督检查、审查调查、处置处分等 9 个方面 276 项制度，初步构建起一套内容科学、程序严密、配套完备、运行有效的纪检监察制度体系。[①]

（三）构建“123456”指标体系，压实责任

全面从严治党是党中央根据新形势下党的建设面临的新情况和新问题，作出的通过自我革命保持党的先进性和纯洁性的重大战略选择，是管党治党的重大战略部署。各级党组织和党员领导干部都有责任把全面从严治党战略部署认真贯彻落实到各自工作中，特别是体现在党委（党组）的主体责任中。

① 《北京市纪律检查委员会工作报告全文》，《北京日报》2022 年 7 月 19 日。

北京市委认真落实全面从严治党主体责任，完善全面从严治党责任制度。北京市委牢固树立抓好党建是最大政绩理念，严格执行党委（党组）落实全面从严治党主体责任规定，推动各级党委（党组）将党的建设与经济社会发展同谋划、同部署、同推进、同考核。健全党委（党组）抓党建工作机制，推动党委（党组）书记认真履行第一责任人职责、班子成员切实履行抓分管领域党建责任。深化全面从严治党（党建）工作考核、党委（党组）书记抓基层党建述职评议考核，推动检查考核与政治生态分析研判深度融合。北京市坚持开展并不断深化全面从严治党（党建）工作考核，成为市委对全市各单位一年一次的例行“政治体检”。市纪委、市监委协助市委推进考核。考核紧密结合首都发展实际，构建“123456”指标体系，即“坚守一个根本任务、坚持两个统筹、全面落实‘三要’要求、锲而不舍纠治‘四风’、监督推动北京‘五子’联动、推动落实‘六个从严’”，细化 11 项具体量化指标，推动考核聚焦市委中心任务，促进党建与业务同评价、同考核。

北京市委坚持把落实全面从严治党主体责任抓在手上，层层压紧压实责任。通过制定责任清单，拿出具体措施，明确目标时限，把责任内容分解到岗、落实到人、具体到事。在“常”“长”二字上下功夫，不折不扣落实责任清单，以永远在路上的韧劲和执着，不断把全面从严治党引向深入。

党的二十大已经为我们擘画出了全面建设社会主义现代化国家的蓝图，中华民族必将再一次迸发出巨大的创造伟力。在通向中华民族伟大复兴中国梦的关键时刻，中国共产党作为长期执政的马克思主义政党必须时刻保持应有的清醒和坚定。我们在全面建设社会主义现代化国家的进程中，务必不忘初心、牢记使命，务必谦虚谨慎、艰苦奋斗，务必敢于斗争、善于斗争。北京市委在党中央的领导下，增强历史主动，把全面从严治党的文章进一步做好，奋力书写中国式现代化的北京篇章。

后 记

北京是中国的首都，是全国的政治中心、文化中心、国际交往中心和科技创新中心，是世界闻名的历史古城和文化名城。党的十八大以来，是北京发展史上具有里程碑意义的重要时期。习近平总书记多次视察北京并发表重要讲话，指引这座伟大城市深刻转型，这是中国式现代化在京华大地的生动实践。北京锚定率先基本实现社会主义现代化目标任务，奋发有为推动新时代首都发展，奋力书写中国式现代化的北京篇章。

《京华新篇——中国式现代化的北京故事》由中共北京市委党校（北京行政学院）组织编写，分管日常工作的副校（院）长沈洁同志非常关注此书的出版。在拟定提纲的阶段，充分听取了校内老师的意见基础上，广泛征求了中共北京市委研究室、北京市政府研究室、北京市社科联等部门的意见。书稿的撰写凝聚了全校以及北京市党校系统的智慧，先在校内征集每章负责人，组成了年富力强、专业精湛的负责人队伍；随后在全市党校系统征集参与人，有 40 多名来自北京市区委党校、委办局党校、企业党校的老师参与。

本书由中共北京市委党校（北京行政学院）原分管日常工作的副校（院）长朱柏成同志担任主编，中共北京市委党校（北京行政学院）副校（院）长尹德挺同志担任副主编，中共北京市委党校（北京行政学院）黄江松教授担任执行主编。各章作者详列如下：

序言：王尘子（中共北京市委党校）

总论：王文超（中共北京市委党校）、营立成（中共北京市委党校）、杨峥晖（中共北京市平谷区委党校）。

第一章：胡柳娟（中共北京市委党校）、营立成（中共北京市委党校）、时英（中共首钢集团有限公司委员会党校）。

第二章：于倩（中共北京市委党校）、姚一雯（中共北京市房山区委党校）。

第三章：高辰颖（中共北京市委党校）、许文革（中共国网北京市电力公司党校）、张连妹（中共北京市门头沟区委党校）、宋雪（中共北京市门头沟区委党校）。

第四章：龙倩（中共北京市委党校）、王宇琛（中共北京市委党校）、靖捷（中共北京市西城区委党校）、曹大永（北京医药职工大学）、李秀梅（中共北京市委党校）。

第五章：赵竞（中共北京市委党校）、周美雷（中共北京市委党校）、李顺华（中共北京市大兴区委党校）。

第六章：傅强（中共北京市委党校）、孙超然（中共北京市委党校）、李兴（中共北京市委党校）、郑齐猛（中共北京市大兴区委党校）、姚革（中共北京市东城区委党校）。

第七章：孟帆（中共北京市委党校）、仲葆玥（中共北京市延庆区委党校）、陈琦（中共国网北京市电力公司党校）、张连妹（中共北京市门头沟区委党校）、宋雪（中共北京市门头沟区委党校）、刘战武（中共北京市大兴区委党校）、王诗维（中共北京市石景山区委党校）、王小瑞（中共国网北京市电力公司党校）。

第八章：刘帅顺（中共北京市委党校）、梁丽（中共北京市委党校）、胡超峰（中共北京市大兴区委党校）、李然（中共北京市大兴区委党校）。

第九章：邱倩（中共北京市委党校）。

第十章：陈志光（中共北京市委党校）、王尘子（中共北京市委党校）、张越（中共北京市委党校）、李顺华（中共北京市大兴区委党校）、田彦鹏（中共国网北京市电力公司党校）、黄梅（中共北京市大兴区委党校）。

第十一章：胥慧颖（中共北京市委党校）、丁粮柯（中共北京市委党校）、王桂哲（中共国网北京市电力公司党校）、祝艺嘉（中共国网北京市电力公司党校）。

第十二章：刘汉峰（中共北京市委党校）、盛文德（中共北京市委党校在读硕士）、郭涯（中共首钢集团有限公司委员会党校）、李顺华（中共北京市大兴区委党校）。

后记：姚一雯（中共北京市房山区委党校）。

另外，《北京日报》程功、方非、潘之望、邓伟、武亦彬、蔡代征、王海欣参与编写工作并提供图片。

由于编者学识、水平有限，再加上时间仓促，疏漏在所难免，敬请各位读者指正。

编者

2024 年 2 月